Das Yoga Kochbuch

Leckere Rezepte aus aller Welt

Gesund und vitalisierend für Körper und Geist

Mit einer Einführung in die vegetarische Vollwertkost

Yoga Vidya Verlag

Das Yoga Kochbuch
Leckere Rezepte aus aller Welt
Gesund für Körper und Geist
Mit einer Einführung in die vegetarische Vollwertkost

zusammengetragen und aufgezeichnet
vom Yoga Vidya Center Frankfurt
von Sukadev Volker Bretz
unter MItwirkung von
Brigitte Beck, Eva-Maria Kürzinger, Gloria Bartusch
sowie Yogis und Yoginis auf der ganzen Welt

Graphische Gestaltung, und Layout:
Claudia Gehricke – Typologo Medien Design

Weitere Exemplare zu beziehen über den
Yoga Vidya Verlag,
Wällenweg 42, 32805 Horn-Bad Meinberg
Internet http://www.yoga-vidya.de/versand
E-mail: shop@yoga-vidya.de
Fax 05234-87-2225, Fon 05234-87-0

Vegetarisch-yogische Vollwertkochkurse gibt es in folgenden Yoga Vidya Zentren:
Haus Yoga Vidya
Oberlahr, E-mail: westerwald@yoga-vidya.de
Essen, E-mail: essen@yoga-vidya.de
Frankfurt, E-mail: frankfurt@yoga-vidya.de
Koblenz, E-mail: koblenz@yoga-vidya.de
Köln, E-mail: köln@yoga-vidya.de
Mainz, E-mail: mainz@yoga-vidya.de

ISBN 3-931854-15-9

Inhaltsverzeichnis

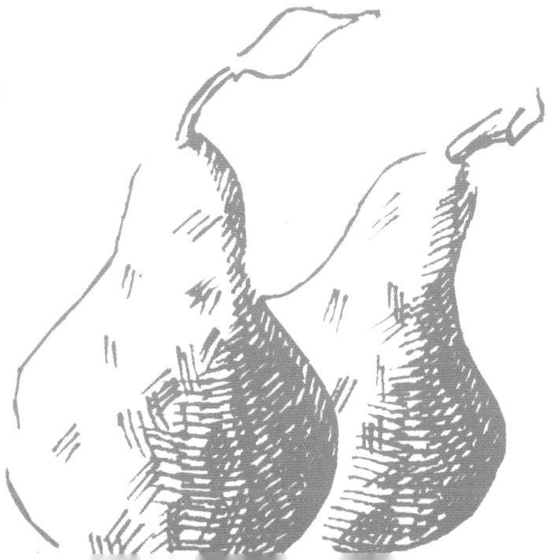

Einführung in die Yogaküche

Yoga heißt Harmonie. Yoga ist die Kunst, in Harmonie mit allen Aspekten seines Wesens und seiner Umwelt zu leben.

Yoga kann in 5 Aspekte unterteilt werden:

- Körperübungen (Asanas)
- Atemübungen (Pranayama)
- Entspannung
- Ernährung
- Positives Denken und Meditation.

Die Ernährungsregeln im Yoga sind also als Teil eines ganzen Systems der Persönlichkeitsentwicklung und -entfaltung zu sehen. Mit diesem Kochbuch wollen wir Dir die Prinzipien der Yoga-Ernährung erklären und Rezepte für leckere Gerichte geben.

Die in diesem Kochbuch aufgenommenen Rezepte erfüllen folgende Kriterien:

- Sie sind gesund, erhöhen Deine Energie und geistige Wachheit
- Sie entsprechen den Anforderungen der Yoga-Schriften (wie Bhagavad Gita, Hatha Yoga Pradipika)
- Sie entsprechen den auch in der westlichen Ernährungswissenschaft anerkannten Prinzipien der Vollwertkost
- Sie schmecken ausgezeichnet
- Sie sind einfach und unkompliziert zuzubereiten.

Yogis sagen, daß die Ernährung gleichzeitig für den physischen Körper, den Energiekörper, den emotionalen und den intellektuellen Körper gesund sein sollte. Hier liegt der große Unterschied zwischen dem yogischen Ernährungssystem und vielen anderen Ernährungssystemen. Der Yogi bedenkt nicht nur die Wirkungen der Ernährung auf den physischen Körper, sondern auch auf unsere Lebensenergie, unsere Gefühle und unsere geistigen Fähigkeiten. Für den Yogi ist der Mensch weder der physische Körper noch der Geist. Für den Yogi ist der Mensch die Seele, die einen physischen Körper und einen Geist besitzt. Die Ursache allen Leidens ist die falsche Identifikation mit diesen beiden Faktoren, die unser Bewußtsein begrenzen.
In Wahrheit ist der Mensch reines Bewußtsein, reine Seligkeit. Alles Wissen ist im Inneren. Der wahre Mensch ist unsterblich. Das Ziel des Lebens ist es, sich dieses reinen Zustandes wieder bewußt zu werden.

Deshalb stellt der Yogi alle Aspekte seines Lebens in den Dienst dieser vordringlichen Aufgabe: sein Selbst zu verwirklichen, das identisch ist mit der universellen Seele oder Gott. Er widmet sich spirituellen Disziplinen wie Meditation, Asanas (Körperstellungen), Pranayama (Atemübungen).
Er paßt dem auch sein tägliches Leben an: seine Freizeitbeschäftigungen, die Einstellung zu seiner beruflichen Tätigkeit, seine Schlafgewohnheiten, seine Handlungsweise, sein Denken. Und natürlich seine Ernährung. Die Ernährung muß also der Erlangung dieses Hauptzieles dienlich sein. Deshalb muß sie den physischen, energetischen, emotionalen und intellektuellen Körper in einen Zustand bringen, der dazu angetan ist, zu dieser Wahrheit zu gelangen.
Daher muß sie gleichzeitig gut sein für den physischen Körper, die Lebensenergie, für die Emotionen und für den Verstand.

Gut für den Körper heißt gesund, nahrhaft, ohne Giftstoffe. Gut für die Energien heißt, daß die Nahrung uns neue Kraft und innere Ruhe gibt. Gut für die Gefühle heißt, daß wir sie genießen können, daß sie uns gut schmeckt, unseren Sinnen Befriedigung schenkt.

Das schließt ein, daß kein Gedanke, auch kein unbewußter, an Töten usw. vorhanden sein darf (also kein Fleisch). Gut für den Verstand heißt, daß die Nahrung unsere Gedanken subtiler macht, unsere Konzentrationsfähigkeit, unser Erinnerungsvermögen, unsere Intuition und die Fähigkeit zur Meditation steigert.
Diesen Kriterien zufolge haben die Yogis die Nahrung in drei Kategorien eingeteilt: sattwig, rajasig und tamasig.

Tamasige Nahrung

Das, was Deinen Körper vergiftet, Deine Energien lahmlegt, Dein Bewußtsein grobstofflich und/oder Deinen Verstand träge macht. Sollte gemieden werden.

Beispiele: Faule, unreife oder überreife Nahrungsmittel. Fleisch, Geflügel, Fisch. Zwiebeln, Knoblauch. Alles nicht milchsauer Vergorene, auch Essig. Tabak, Alkohol, Drogen, viele Medikamente. Konserven, Tiefkühlkost. Was zuviel gekocht wurde. Was zu oft aufgewärmt wurde.
Zuviel essen ist auch tamasig.

Rajasige Nahrung

Das, was Deinen Körper, Deinen Geist und Deine Emotionen unruhig macht. Was die Leidenschaften anregt und den Geist schwer kontrollierbar macht.
Reduziere rajasige Nahrungsmittel auf ein Minimum.

Beispiele: Eier, Kaffee, schwarzer Tee, scharfe Gewürze (Cayenne-Pfeffer, Chilli), alles Saure und Bittere, weißer Zucker, Weißmehl, Weißbrot. Rajasig ist auch, zu hastig zu essen, ungenügend zu kauen oder zu viele verschiedene Nahrungsmittel bei einer Mahlzeit zu sich zu nehmen.

Sattwige Nahrung

Das, was Deinem Körper wertvolle Nährstoffe bringt, leicht verdaulich ist, neue Energie gibt und Deinen Geist klar, subtil und friedvoll macht. Sattwige Nahrung läßt Dich alle Deine physischen, geistigen und spirituellen Fähigkeiten und Talente nützen. Die ideale Nahrung für jeden Yoga-Übenden.

Sattwige Nahrungsgruppen:

1. Getreide
Alle Vollkorngetreide-Produkte wie Vollkornbrot, Vollkorn-Nudeln. Vollreis, Hirse, Vollweizengries, Buchweizen, Amaranth, Quinoa, Dinkel, Grünkern, Roggen, Gerste, Tapioka. Kartoffeln sind zwar biologisch Gemüse, ernährungsphysiologisch aber wie Getreide zu bewerten

2. Hülsenfrüchte
Grüne Linsen, rote Linsen, schwarze Linsen, Mungbohnen, Sojabohnen und Soja-Produkte wie Tofu und Tempeh, Ackerbohnen, geschälte Linsen, Azukibohnen, Kichererbsen, grüne Erbsen, gelbe Erbsen ...
Am einfachsten zu verdauen: Mungbohnen, Tofu.
Die meisten Hülsenfrüchte müssen gut gekocht werden, um einfach verdaut werden zu können: Sie sollten weich sein, und die äußere Haut geplatzt sein. Hilfe: Am Abend vorher einweichen.

3. Gemüse und Salat
Gekocht und roh. Ausreichend Rohkost nötig (am meisten Prana). Verschiedene Sorten essen, um großes Spektrum an Nährstoffen zu bekommen.

4. Obst
Je frischer, um so besser.

5. Milch und Milchprodukte
Sauermilchprodukte sind am einfachsten zu verdauen: Joghurt, Kefir, Buttermilch, Dickmilch, Schwedenmilch. Bei Milchallergien oder Laktasemangel durch ein mehr an Hülsenfrüchten zu ersetzen.

Empfehlung:
Nimm täglich etwas aus allen 5 sattwigen Nahrungsgruppen zu Dir. Finde heraus, welche Nahrungsmittel und Nahrungsmittelkombinationen Dir am besten bekommen.

Wenn Du nur sattwige Nahrungsmittel zu Dir nimmst, wird Dein natürlicher Instinkt Dir helfen, die für Dich richtigen Nahrungsmittel zu finden. Trinke täglich 1,5-3 l Wasser oder Kräutertee.

Die Yogis geben keine allzu detaillierten Empfehlungen. x% Getreide, y% Früchte, so-und-so viel Eiweiß täglich usw. Kein Organismus gleicht dem anderen, er unterliegt saisonalen Schwankungen, Veränderungen im Klima und in der Art der Beschäftigung, im Biorhythmus usw. Die Bedürfnisse ändern sich. Wenn Du tamasige und rajasige Nahrung vermeidest, wirst du den Kontakt zu deinen natürlichen Instinkten wiederfinden, die dir sagen, was dir bekömmlich ist und was nicht. Mache den Versuch: Esse drei Monate lang nur sattwige Nahrung, übe täglich Asanas (Körperstellungen) und Pranayama (Atemübungen). Jede Lust auf rajasige oder tamasige Nahrung wird verschwinden, und deine Geschmacksempfindungen werden sich verändern, parallel mit den Anforderungen des Lebens immer wieder verändern und sie besser leiten, als der beste Ernährungsfachmann. Dies gilt für Personen in gutem gesundheitlichen Zustand. Jemand der ernstlich krank ist, sollte einen Arzt oder Ernährungsberater konsultieren.

Die Yoga-Ernährung, die dazu entwickelt ist, um auf dem spirituellen Weg, für die Meditation zu helfen, ist optimal auch für den modernen Menschen.
Selbst wenn dein Hauptinteresse nicht in der Gottverwirklichung liegt, wirst du schon bald die Wirkungen der Yoga-Ernährung erkennen: ein gesunder und widerstandsfähiger Körper, sogar Heilung einzelner Krankheiten und Vorbeugung vieler anderer (lies dazu Bücher über Vegetarismus, wenn du dich genauer informieren möchtest), eine gesteigerten Vitalität, ein reiner und subtiler Verstand, ein Geist, der alle seine Möglichkeiten ausschöpfen kann.
Und schließlich wirst du den besten Führer in Ernährungsfragen bei dir haben: deine natürlichen Instinkte, die es dir ermöglichen, das zu mögen, was für dich gut ist.

Dieses Buch möchte dir bei diesem Abenteuer, deine persönliche Ernährungsform zu finden, behilflich sein. Es schlägt eine Menge verschiedener Gerichte vor, die aus der vegetarischen Küche der ganzen Welt stammen. Jeder wird natürlich seine eigenen Lieblingsspeisen finden. Entdecke sie.

Vor den Rezepten folgen jetzt zuerst zwei Artikel von Swami Sivananda über Ernährung.

Swami Sivananda lebte von 1887-1963 in Indien. Obwohl seine Ratschläge in manchen Teilen nach speziellen indischen Gegebenheiten ausgerichtet zu sein scheinen, können sie dir doch Anleitung sein und dich inspirieren.
Der betreffende Abschnitt soll dir zeigen, wie ein großer Yogameister die Nahrung sieht, und dir gerade am Beginn, bei der Auswahl deiner Nahrungsmittel und der Art deiner Ernährung helfen.

Die yogische Ernährungsweise hilft dem Schüler, den Geist ruhig zu halten und die bewegten Sinne zu beherrschen. Sie hilft ihm, Rajas (Erregtheit) aus seinem Geist zu beseitigen und ihn mit Sattwa (Reinheit) zu erfüllen, so daß er stets bereit ist für die Meditation.

Swami Sivananda

Alle Sinne sollen mit reiner Nahrung versorgt werden. Nur so wird der Geist rein und einpünktig werden. Nur so kann Selbstverwirklichung erlangt werden.
Die Augen sollen das Bild einer Repräsentation Gottes, eines Heiligen, Weisen und andere erhebende Gegenstände sehen; die Ohren sollen die Gita hören, die Upanishaden, das Ramayana (indische Heilige Schriften), den Koran oder die Bibel. Die Zunge soll von Gott sprechen. Das alles ist reine Nahrung für die Sinne.

Die Art der aufgenommenen Nahrung bestimmt den Charakter des Menschen. Fleischkost macht den Menschen unsensibel und grob. Sie regt die Leidenschaften an und macht den Verstand träge. Ein Fleisch esser kann weder ein Philosoph noch ein Weiser sein. Sein Verstand ist derart dumpf, daß er weder die Probleme dieser noch der anderer Welt lösen kann.

Eine vegetarische Ernährung macht den Verstand aktiv, subtil und scharf. Die vegetarische Ernährung ist dem erhabenen Denken und der Konzentration auf das Göttliche in hohem Maße förderlich. Sie schenkt eine größere Vitalität als eine Ernährung mit tierischen Nahrungsmitteln.

Die Ernährung muß sorgfältig ausgewählt und zusammengestellt werden. Zu scharfe Gewürze, Tee, Kaffee, Alkohol und Nahrungsmittel, die besonders stärkehaltig sind, Zucker und Fette, und alle anregenden Getränke sollten vermieden werden. Frisches Obst, Salat und rohes Gemüse, Käse, Nüsse, Milch, Getreide, Honig, Datteln und Mandeln sind besonders nutzbringend.

Rohkost ist besser als gekochte Nahrung. Sie ist besser für die Blutbildung und stärkt den Körper mehr; sie sollte wenigstens 80% der Ernährung ausmachen. Ernähre dich alle sechs Monate eine Woche lang von frischem Obst. Das wird die Ausscheidung von Unreinheiten aus dem Organismus fördern.

Die Nahrung muß auch Ballaststoffe enthalten, um die Darmperistaltik anzuregen. Rohkost enthält davon mehr als gekochte Lebensmittel.
Eine schlechte Verdauung, hervorgerufen durch schweres Essen oder ungesunde Reiznahrung, wird eine Reihe von Reflexreaktionen in den Nervenzentren bewirken. Kaue die Nahrung gründlich. Iß nur, wenn du hungrig bist. Heutzutage halten die Menschen Gaumengelüste für Hunger. Der Hunger ist vielleicht ein Vergnügen, das sie nie kennengelernt haben.
Man kann wirklichen Hunger ebensowenig beschreiben wie Gott selbst. Um ihn zu kennen, muß man Ihn erfahren haben. Niemand kann ihn dir erklären.
Es ist unnötig, Appetithäppchen oder Aperitifs zu sich zu nehmen, die wie Lokomotiven funktionieren, um Nahrungsmittel in den Magen zu befördern, denn das Verdauungsfeuer (Appetit) braucht derartiges nicht. Dieses Verdauungsfeuer ist Gott selbst. Der Mensch muß auf das Erscheinen dieses Gottes im Innern warten und ihm also – einzig und allein – ein wenig Nahrung anbieten.
Iß langsam. Trinke reichlich nach dem Essen.

Trinke nicht vor dem Essen, denn das löst die Magensäfte auf und ruft zudem eine schlechte Verdauung und viele Magenbeschwerden hervor.

Der Mund ist der Wächter über das Verdauungssystem. Er muß immer frisch und sauber gehalten werden, indem man ihn nach dem Essen mehrmals gründlich spült. Zahlreiche Keime können sich in einem schlecht gepflegten Mund bilden. Zähne putzen ist sehr wichtig.

Wir benötigen eine gewisse Vielfalt an Nahrungsmitteln, die über verschiedene Eigenschaften verfügen.
Obwohl diese Vielfalt in der Ernährung notwendig ist, dürfen wir dennoch nicht zu viele verschiedene Dinge gleichzeitig essen. Je weniger wir die Nahrung mischen, desto besser. Mutter Natur sorgt klug und in ausreichendem Maß für alle unsere Bedürfnisse vor.
Sie variiert die Zusammensetzung der Nahrung gemäß unseren Bedürfnissen.

Eine einfache Ernährung, die ein Minimum an nicht notwendigen Nährstoffen und an Abfällen enthält, beansprucht die Nieren weniger als eine reichhaltige Ernährung.

Eine richtige Ernährung verbessert das Gewebe, da sie die Ansammlung von Rückständen im Organismus verhindert.

Appetitanregende Nahrung zu sich zu nehmen und diese gut zu kauen, regt den Speichelfluß an. Die gesteigerte Speichelproduktion hat ihrerseits die Tendenz, die Absonderung von Verdauungssäften zu aktivieren.
Diese Säfte wiederum regen die Schleimhaut des Zwölffingerdarms – der erste Teil des Dünndarms – an und lösen die Produktion von Hormonen aus. Das Kauen der Nahrung ist also überaus nützlich. Es ist sehr gefährlich, es zu vernachlässigen.
Wenn du nicht richtig kaust, wird der Magen zuviel arbeiten. Es wird an ihm liegen, die Nahrung zu zerkleinern.
Die Stärkesubstanzen werden im Mund durch den Speichel verdaut, welcher alkalisch ist.
Das kann nur geschehen, wenn die Nahrung sorgfältig gekaut worden ist. Vollständiges Kauen ist daher absolut unerläßlich. Die Nahrung soll niemals hastig aufgenommen werden, denn das ruft Unverdaulichkeit hervor.

Das Geheimnis, die Nahrung optimal zu nutzen und ihre gute Verdaulichkeit zu sichern, liegt darin, jeden Bissen so sorgfältig zu kauen, daß er die Kehle wie eine Flüssigkeit hinunterfließt.

Gutes Kauen beugt Verdauungsproblemen vor und heilt sie. Ganz im Unterschied zu einer großen Menge halb gekauter Nahrung sättigt eine kleine Menge gut gekauter Nahrung viel besser, sichert eine bessere Verdauung, eine leichtere Arbeit für den Magen und produziert eine geringere Menge von Ausscheidung.

Regeln für die Ernährung

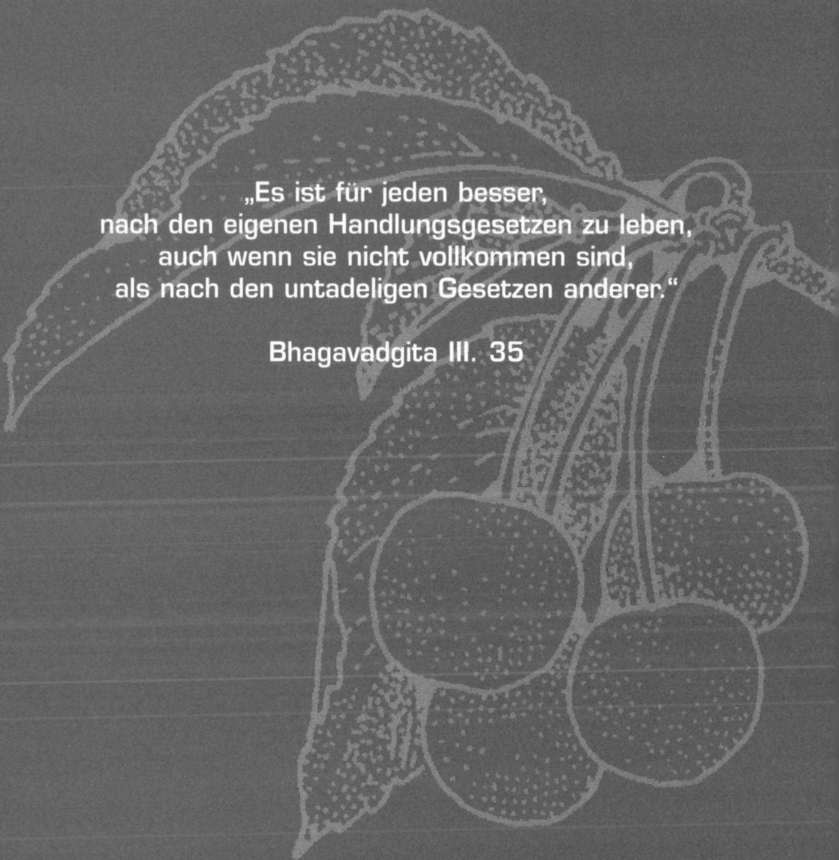

„Es ist für jeden besser,
nach den eigenen Handlungsgesetzen zu leben,
auch wenn sie nicht vollkommen sind,
als nach den untadeligen Gesetzen anderer."

Bhagavadgita III. 35

Regeln für die Ernährung

von Swami Sivananda

- Iß mäßig. Steh vom Tisch auf, wenn der Magen zu drei Viertel gefüllt ist. Überlade deinen Magen nicht.
- Iß nur, wenn du tatsächlich hungrig bist. Mißtraue falschen Hungergefühlen.
- Iß nichts zwischen den Mahlzeiten.
- Iß gesunde Nahrung, in vernünftigen Mengen, zu festgelegten Zeiten.
- Nimm keine zu heiße oder zu kalte Nahrung zu dir: das reizt den Magen und ruft Unverdaulichkeit hervor.
- Iß nichts, was du nicht magst, aber iß nicht alles, was du magst.
- Reduziere gekochte Speisen auf ein Minimum.
- Nimm nur vier bis fünf verschiedene Nahrungsmittel pro Mahlzeit zu dir. Verzichte auf zu vielfältige Kombinationen und Mischungen. Die Verdauungssäfte können verschiedenartige und komplexe Zusammensetzungen nur schwer verdauen.
- Iß keine Konserven und ranzige Butter. Koche Reis und Gemüse am Dunst. Langes Kochen entzieht dem Gemüse Geschmack und Gehalt. Schütte das Kochwasser von Reis und Gemüse nicht weg; es enthält wertvolle Mineralien. Trinke es.
- Iß nur zweimal täglich zu festgelegten Zeiten. Wärme Speisen niemals auf.
- Nimm dann Nahrung zu dir, wenn du durch das rechte Nasenloch atmest.
- Setz dich nach dem Essen für zehn Minuten in Vajrasana (Fersensitz), um die Verdauung zu erleichtern.
- Iß schweigend.
- Ändere deine Ernährungsgewohnheiten langsam und allmählich. Wenn ein Bestandteil der Ernährung dir nicht entspricht, reduziere seine Menge. Das wird dir mehr zusagen.
- Unternimm nach den Mahlzeiten keine anstrengenden Tätigkeiten, weder physisch noch geistig. Ruhe eine halbe Stunde. Laufe nicht sofort zu einem Zug.
- Vermeide spätabendliches Essen.
- Iß nicht, wenn du zornig bist. Ruhe einen Augenblick, bis dein Geist die Ruhe wiederfindet. Iß erst dann. Wenn man zornig ist, scheiden die Drüsen Gifte aus, die ins Blut geschickt werden.
- Nimm die Nahrung wie Medizin zu dir. Sei nicht naschhaft.
- Faste einmal pro Woche. Durch Fasten werden Gifte ausgeschieden, der innere Mechanismus wiederhergestellt, und die Organe können sich erholen.
- Während der Mahlzeiten und zu jeder Zeit denke daran, daß Gott in allen Nahrungsmitteln wohnt, in Früchten und im Gemüse. Er schenkt allen Nutzen. Bete zu ihm unmittelbar vor und nach dem Essen.

Maßeinheiten:

T	*Tasse (ca.150 ml).*
El	*leicht gehäufter Eßlöffel*
Tl	*leicht gehäufter Teelöffel*
l	*Liter*
g	*Gramm*
St	*Stange oder Stück*
Pckg	*Packung*
Bd	*Bund*

Gabelprobe:
um festzustellen, ob Backwerk fertig ist, mit einer Gabel oder Stricknadel hineinstechen, es dürfen keine Teigreste kleben bleiben.
nach Belieben:
kann auch weggelassen werden.

Zutaten:

Butter:
sie kann in den Rezepten durch Öl, Margarine oder Ghee (gereinigte Butter) ersetzt werden.

Gewürze:
getrocknete Gewürze anrösten, frische Kräuter am besten immer erst kurz vor Schluß dazugeben.

Mehl:
wir verwenden grundsätzlich nur Vollkornmehl, meist vom Weizen, wenn möglich ganz frisch gemahlen, um die wertvollen Nährstoffe zu erhalten.

Milch:
durch Sojamilch ersetzbar.

Tamari:
Sojasauce

Zucker:
wir verwenden so wenig Zucker wie möglich.

Brauner Zucker ist besser als weißer Zucker. Melasse (Ahorn-, Zuckerrübensirup), Datteln, Rosinen, Feigen, Honig sind besser als brauner Zucker.

Am besten ist es, gar nicht zu süßen, sondern sich langsam umzugewöhnen.

Die in diesem Kochbuch beschriebenen Rezepte sind in erster Linie als Grundlage und Anregung gedacht. Die Mengenangaben, der Zubereitungsvorgang und die Kochzeiten sind bewußt etwas weniger „genau" gehalten, als das in den meisten anderen Kochbüchern üblich ist.
Selbst ausprobieren und eigene Erfahrungen sammeln sind die besten Anleitung zum guten Gelingen.

Kochen sollte nicht nur eine „tägliche Routine" sein, sondern der Kreativität und Phantasie Raum lassen.

Dic Menschen, für die dle Speisen mit Liebe und Aufmerksamkeit zubereitet werden, „schmecken" sicherlich die positiven Schwingungen der Zuwendung, auch wenn das Gericht nicht optimal gelungen sein mag.

Wir wünschen viel Spaß beim – am besten gemeinsamen – Kochen und Essen!

Saucen

Saucen

„Im Anfang war das Gewürz,“

Stefan Zweig

Grundrezept für helle, vegetarische Sauce

2 El	*Butter oder Öl*
2 El	*Vollkornweizenmehl*
1 T	*Milch*
	Salz, Pfeffer

Butter schmelzen oder Öl in einer Pfanne bei geringer Hitze erwärmen. Mehl unter Rühren dazugeben, 5 Min. kochen lassen. Die Hitze erhöhen und langsam die Milch dazugeben. Mit Salz und Pfeffer abschmecken.

Variante:

1/2 Tasse Milch durch Sahne, Saure Sahne oder Crème fraiche ersetzen.

Mit 1 Tl Salbei und/oder 1 Tl Senfpulver würzen.

Ergibt 1 Tasse mittelfeste Sauce

Grundrezept für dunkle, vegetarische Sauce

1 El	*Butter oder Öl*
1 El	*Vollkornweizenmehl*
1 T	*Gemüsebrühe oder Wasser*
1 El	*Tamari*
1 Tl	*Basilikum*

Butter schmelzen oder Öl in einer Pfanne bei geringer Hitze erwärmen. Mehl unter Rühren dazugeben, 5 Min. kochen lassen, gelegentlich umrühren, damit nichts anbrennt. Langsam das Wasser oder die Gemüsebrühe unter ständigem Umrühren dazugeben, bis die gewünschte Festigkeit erreicht ist. Tamari und Basilikum dazugeben, weitere 5 Min. köcheln lassen.

Ergibt 1 Tasse dünne Sauce

Ingwer-Sauce

3/4 T	*Wasser oder Gemüsebrühe*
2 El	*Tamari*
2 1/2 El	*Melasse*
2 Tl	*Zitronensaft*
1 Tl	*Speisestärke (aufgelöst in 1 Tl Wasser)*
1 Tl	*frischen, geriebenen Ingwer*
1 El	*Apfel- oder Grapefruitsaft*

Wasser oder Gemüsebrühe, Tamari, Melasse und Zitronensaft in einer Pfanne erhitzen. 5 Min. sieden lassen. Aufgelöste Speisestärke hinzufügen, kurz zum Kochen bringen. Anschließend sieden lassen (ca. 2 Min.), dann geriebenen Ingwer dazugeben, 2 Min. kochen lassen, Saft dazufügen und eine weitere Minuten kochen.

Ergibt eine leichte Sauce für Gemüse oder Tofu. **Für 4 Personen**

Käse-Sauce

Grundrezept für helle, vegetarische Sauce, vor dem Würzen 1/2 geriebenen Cheddar- oder Schweizerkäse dazugeben. Die Hitze reduzieren (die Flüssigkeit darf nicht kochen), umrühren bis der Käse geschmolzen, würzen, gleich servieren.

Ergibt eine Sauce für Nudeln und Gemüse.

Für 4 Personen

Einfache Grundsauce

2 1/2 T	*kaltes Wasser*
1/4 T	*Pfeilwurzpulver*
1/4 T	*Tamari*
	Pfeffer nach Belieben

In einem Topf das Pfeilwurzpulver in kaltes Wasser einschlagen. Auf leichter Hitze weiterschlagen, Tamarisauce dazugeben. Bei mittlerer Hitze bis zur Dickflüssigkeit einkochen und mit Pfeffer abschmecken.

Ergibt 2 1/4Tassen

Sauce Bechamel

2 El	*Butter*
2 El	*Mehl*
1 1/2 T	*Milch*
1	*Lorbeerblatt*
1	*Messerspitze Thymian*
	Salz, Pfeffer

Die Butter auf kleiner Flamme zergehen lassen. Mehl dazugeben und unter ständigem Rühren leicht kochen lassen. Milch nach und nach dazugeben; bis zur gewünschten Konsistenz eindicken lassen. Lorbeer, Thymian, Salz und Pfeffer zugeben und gut durchrühren.
Ergibt 1 1/2 Tassen

Käsesauce

2 T	*Bechamelsauce*
1 T	*Käse (Cheddar, Emmentaler, geriebener Hartkäse)*

Käse der noch heißen Bechamel beigeben und auf kleiner Flamme weiterrühren. Wenn der Käse vollständig geschmolzen ist, die Sauce über das zu garnierende Gericht gießen.

Kichererbsensauce

2 T	*Kichererbsenmehl*
1 T	*Öl*
1/2 El	*Diäthefe*
1/2 T	*Sojasauce*
5 T	*Wasser*
1/4 T	*Zitronensaft (oder weniger)*
	Salbei, Thymian

Öl erhitzen, das Kichererbsenmehl eingießen und gut verrühren. Einige Minuten kochen lassen, bis sich ein leichter Nußgeruch entwickelt. Jetzt 2 T Wasser dazugeben und unter ständigem Umrühren eindicken lassen. Das restliche Wasser hinzufügen; rühren, bis die Konsistenz dickflüssig und cremig ist. Kräuter und Zitronensaft am Schluß beigeben. **Ergibt 5 Tassen**

Käsesauce Nr. 2

	Kichererbsensauce
1 T	*geriebener Käse*

Den geriebenen Käse zur Kichererbsensauce geben, und bei leichter Hitze vollständig zergehen lassen. **Ergibt ca. 5 1/2 Tassen**

Grillsauce

2 T	*Tomatenmark*
1/2 T	*Wasser*
1/3 T	*Honig*
1/2 T	*Melasse*
1/4 T	*Senf (ohne Essig)*
1 El	*Tamari*
5 El	*Zitronensaft*
1/2 Tl	*Senfpulver*
	Salz, Pfeffer, Cayennepfeffer

Alle Zutaten sorgfältig vermischen. Für Sandwiches, Burger, Tofu.
Ergibt ca. 3 Tassen

Taco Sauce

1T	*Tomaten*
1/8 T	*Tomatenmark*
1/2 El	*Zitronensaft*
1 Prise	*Senfpulver*
1 Prise	*Zimt*
1 Prise	*Ingwer*
	Salz, Cayennepfeffer

Alle Zutaten sorgfältig mischen, abschmekken. **Ergibt ca. 1 1/2 Tassen**

Tomatensauce

2 El	*Öl*
1	*Lorbeerblatt*
1 Tl	*Oregano (Majoran)*
1/2 Tl	*Thymian*
1/4 Tl	*Basilikum*
ca. 150 g	*Tomatenmark*
1/4 Tl	*Honig*
	Salz, Pfeffer

Für diese Sauce kann jedes beliebige Gemüse verwendet werden. Am besten geeignet scheinen Zucchini, Sellerie, grüner Paprika, Karotten und sogar würfelig geschnittener Tofu.
Das Öl erhitzen und das Gemüse unter ständigem Rühren einige Minuten lang darin anbraten. Kräuter dazugeben, einige Minuten lang darin anbraten. Kräuter dazugeben, weiterrühren und einige Minuten weiterdünsten. Jetzt die restlichen Zutaten beifügen. 45 Minuten dünsten, und vor dem Servieren möglichst lange ruhen lassen. Nur wenn unbedingt nötig, die Sauce eventuell von neuem leicht erwärmen.
Ergibt ca. 2 Tassen

Tamari-Ingwer Sauce

1 T	*Tamari*
1 T	*Wasser*
30 g	*frisch geriebener Ingwer*

Alle Zutaten vermischen und etwa zwei Stunden ruhen lassen, damit sich das Aroma voll entfalten kann. Wird vor allem in der chinesischen Küche verwendet.
Ergibt ca. 2 Tassen

Hollandaise

1 T	*Gemüsebrühe*
1 El	*Speisestärke, in 2 El kaltem Wasser aufgelöst*
2 El	*Joghurt oder Kondensmilch*
2 Tl	*geriebene Zitronenschale*
1 El	*Zitronensaft*
125 g	*Butter, in kleine Stückchen geschnitten*
1/2 Tl	*Kurkuma*

Gemüsebrühe zum Kochen bringen, Hitze reduzieren, aufgelöste Speisestärke dazugeben und 8 Min. sieden lassen.
Zitronensaft und -schale, Kurkuma und Joghurt zusammenschlagen. 2 El der erhitzten Gemüsebrühe zu der Joghurtmischung geben, gut vermischen, dann langsam den Rest der Brühe dazugeben. Bei niedriger Hitze 5 Min. köcheln, gut umrühren. Langsam die Butter dazugeben (mit einem Schneebesen). **Für 4 Personen**

Rosinensauce

1/4 T	*Honig*
1/2 El	*Senf*
1/2 El	*Vollkornweizenmehl*
1/2 T	*kernlose Rosinen*
1/4 T	*Zitronensaft*
1 3/4 T	*Wasser*

Alle Zutaten in einer Pfanne zusammenmischen, langsam zum Kochen bringen, bis eine sirupartige Masse entstanden ist. Paßt gut zu Bohnen oder Tofu. **Für 6 Personen**

Butter-Sesamsauce

1 Stck *Butter*
1/4 T *Sesamsamen*

Butter bei geringer Hitze zum Schmelzen bringen. In einer anderen Pfanne die Sesamsamen bei mittlerer Hitze toasten, bis sie goldbraun sind. Ständig umrühren, damit nichts anbrennt. Wenn die Samen getoastet sind, die geschmolzene Butter unterrühren und servieren.
Paßt hervorragend zu Brokkoli, Spargeln, Spinat oder Spaghetti. **Für 4 Personen**

Cashew-Sauce

2 T *Wasser oder Gemüsebrühe*
1/2 T *Cashewkerne*
2 El *Pfeilwurzpulver*
2 El *Öl*
1/2 Tl *Salz oder Tamari*

Alle Zutaten in einem Mixer pürieren. In eine Pfanne geben, unter ständigem Umrühren ca. 3 - 5 Min. bei mittlerer Hitze köcheln lassen, bis die Sauce etwas eingedickt ist.
Paßt gut zu Gemüse und Getreide.
Für 6 Personen

Gemüsesauce

1 T *gekochte Kartoffeln*
2 *gekochte Karotten*
1 1/3 T *Wasser*
2 El *Cashewkerne*
1 Tl *Tamari*
1 El *Zitronensaft*

Alle Zutaten in einem Mixer pürieren, anschließend erhitzen und servieren.
Für 4 Personen

Frühlingssauce für Nudeln

4 - 5 T *kleingeschnittenes Gemüse (z.B. Brokkoli, Blumenkohl, Karotten, Erbsen, Bohnensprossen, Fenchel usw.)*
4 El *Butter oder Olivenöl*
1 *geschälte Zitrone*
Petersilie, Oregano, Basilikum, Salz, frischer Pfeffer

Gemüse leicht zerstampfen. Zitrone mit den Kräutern im Mixer vermischen. Butter oder Öl in einer Pfanne erhitzen, Gemüse und Zitronen-Kräutermischung für 5 Minuten kochen lassen, anschließend mit einem Pfund Nudeln vermischen.

Fruchtmarksauce

400 g *Früchte oder Beeren*
1 El *Zitronensaft*
2 El *Honig*

Die Früchte oder die Beeren mit dem Zitronensaft und dem Honig im Mixer pürieren.
Für 4 Personen

Salatsauce mit Sonnenblumenkernen

1 T *Öl*
1/2 T *Tamari*
1/2 T *Zitronensaft*
1-2 T *Sonnenblumenkerne*

Alle Zutaten in einen elektrischen Mixer geben und solange schlagen, bis die Masse flüssig, cremig und gut gebunden ist. Wenn die Sauce zu dick geworden ist, mit Wasser verdünnen. Diese Masse mit allen beliebigen Kräutern und Gewürzen abschmecken.
Ergibt 4-5 Tassen

Hummus Bi Tahini

3 T	*Kichererbsen*
1 T	*Tahini (Sesamcreme)*
1 Tl	*Pimentpulver*
1 Tl	*Cumin*
	Saft von zwei Zitronen

Kichererbsen über Nacht einweichen, und dann bei mittlerer Hitze kochen. Wenn sie weich sind, abseihen und etwas Kochflüssigkeit zurückbehalten. Erbsen unter kaltem Wasser vollständig abkühlen. Im Mixer pürieren, bis die Masse gut gebunden ist; sollte sie zu dick geworden sein, mit Kochwasser verdünnen und nochmals mixen. In einer großen Schüssel mit allen übrigen Zutaten vermischen. Sorgfältig vermengen. In eine flache Schüssel geben und mit Olivenöl bedecken. Mit rotem Paprika, Kreuzkümmel und gehackter Petersilie bestreuen.
Ergibt 4 - 5 Tassen

Salatsauce mit Tofu

1 T	*Öl*
1/2 T	*Tamari*
1/2 T	*Zitronensaft*
450 g	*Tofu*
1 T	*Wasser*

Alle Zutaten im elektrischen Mixer gut vermischen. **Ergibt 4 - 5 Tassen**

Quark-Karotten-Brotaufstrich

250 g	*Magerquark*
250 g	*Karotten*
1 EL	*Öl*
1 EL	*Zitronensaft*
	Petersilie, Salz

Karotten fein raspeln und mit den übrigen Zutaten vermischen.

Pesto

300 g	*frisches Basilikum*
1 1/2 T	*Öl*
200 g	*Pinienkerne*
1 El	*Butter*
1 Bd	*Petersilie*
300 g	*Parmesan*
1 T	*JoghurtSalz, Pfeffer*

Basilikum waschen, abtrocknen und gemeinsam mit dem Öl, den Pinienkernen, Butter, Salz und Petersilie im Mixer kräftig pürieren, dann den Parmesan und Joghurt unterrühren und mit Pfeffer abschmecken. Über die gekochten und abgetropften Teigwaren geben.

Gurkensauce

3	*mittelgroße Gurken*
1 kl Bd	*Petersilie*
1 kl Bd	*Dill*
1 Tl	*Zitronensaft*
1/2 T	*Sauerrahm*
	Salz, Pfeffer

Die Gurken schälen, Kerne entfernen, halbieren und in Salzwasser ca. 5 Minuten kochen lassen. Gehackte Petersilie, Dill, Salz und Pfeffer dazugeben. Die Gurkenhälften grob schneiden, und ebenfalls hineingeben, mit Gemüsewasser aufgießen und mit Zitronensaft und Rahm abschmecken.

Salate

Salate

„Die Essenz aller Dinge ist die Erde.
Die Essenz der Erde ist das Wasser.
Die Essenz des Wassers sind die Pflanzen.
Die Essenz der Pflanzen ist der Mensch.“

Chandogya Upanishad

Bunter Weizenkeimsalat

100 g	*Feldsalat*
1	*Apfel*
1	*kleine Orange*
8 El	*gekeimte Weizenkörner*
6 El	*Hüttenkäse*
3 El	*gehackte Walnüsse*
2 El	*Sonnenblumenöl*
2 El	*Zitronensaft*
	Kräutersalz

Feldsalat verlesen, waschen und gut abtropfen lassen. Apfel entkernen und in dünne Scheiben schneiden. Orange schälen, in Stücke schneiden. Weizenkörner mit dem Hüttenkäse und den Nüssen mischen, dann den Salat, Apfel und Orangenscheiben unterheben. Öl mit dem Zitronensaft verrühren, mit Kräutersalz abschmecken und die Sauce über den Salat gießen, gut mischen.
Für 4 Personen

Sesam-Nudelsalat

250 g	*gekochte Nudeln*
1 El	*Ingwer*
1/2	*geschälte Gurke, in dünne Scheiben geschnitten*
250 g	*Tofu, püriert*
1 El	*Zitronensaft*
1 Tl	*scharfe Pfeffersauce*
4 El	*Sesamöl*
4 - 6 El	*Tamari*
1 Tl	*Zucker (aufgelöst in 2 El heißem Wasser)*

2 - 4 Tassen rohes Gemüse (z.B. Karotten, Brokkoli, Sellerie, Bohnensprossen) jede Gemüsesorten separat zerkleinern.
Alle Zutaten (außer dem rohen Gemüse) in einer großen Schüssel zusammenmischen. Wasser, Tamari und/oder Öl dazugeben. Das rohe Gemüse zuletzt obenauf fügen. Beim Servieren alles vermischen. Evtl. mit geröstetem Sesamsamen oder frischem, zerkleinerten Koriander bestreuen.

Kartoffelsalat

7	*mittelgroße Kartoffeln, würfelig geschnitten*
1/2 T	*grüner Paprika, würfelig geschnitten*
1/2 T	*Stangensellerie, würfelig geschnitten*
1/4 Tl	*rotes Paprikapulver*
3 El	*Öl*
1/2 l	*Joghurt*

Die Kartoffeln sorgfältig waschen und bürsten, und in Würfel schneiden. Kochen bis sie weich sind, dann abtropfen und auskühlen lassen. (Wenn du es eilig hast, stelle die Kartoffeln unter einen Ventilator, oder ins Freie in den Schatten oder sogar in den Kühlschrank...). Wenn sie nur mehr lauwarm sind, mit den anderen Zutaten vermischen, vorsichtig umrühren, damit sie nicht zerfallen. **Ergibt ca. 7 Tassen**

Taboule

1 1/2 T	*Wasser*
1 T	*Bulgur*
1 T	*zerkleinerte Tomaten*
1 T	*Stangensellerie, würfelig geschn.*
1 T	*Gurken, würfelig geschnitten*
1 Bd	*Petersilie, sehr fein gehackt*
1/2 Tl	*Oregano (Majoran)*
1 El	*Basilikum*
1 El	*Olivenöl*
1/3 T	*Zitronensaft*
	Salz, Pfeffer

Bulgur in kochendes Wasser eingießen, vom Feuer nehmen und völlig erkalten lassen. Das geschnittene Gemüse dazugeben, Kräuter und Gewürze, Öl und Zitronensaft und sehr sorgfältig vermischen.
Ergibt ca. 5 - 6 Tassen

Blumenkohl-Salat

1	*Blumenkohl*
1/2 T	*geriebene Nüsse*
1/2 T	*Kokosflocken*
1 T	*Schlagsahne*
	Salz, Pfeffer

Den rohen Blumenkohl fein raspeln und mit den anderen Zutaten gut vermischen; mit Salz und Pfeffer abschmecken.
Für 4 - 6 Personen

Grapefruit-Minze-Salat

1	*Kopfsalat*
3	*Grapefruit*
1	*Zitrone*
2 T	*Olivenöl*
200 g	*frische Minzeblätter*
	Salz, Pfeffer

Salat gründlich waschen und trocken tupfen oder schleudern. 2 Grapefruit in Stücke schneiden, die weiße Haut vorher mit einem scharfen Messer entfernen. Salat und Grapefruitstücke mit den Minzeblättern vermischen und mit einer Sauce aus dem Saft einer Grapefruit, einer Zitrone und Olivenöl vermischen. Die Sauce mit Salz und Pfeffer würzen. **Für 4 - 6 Personen**

Rote Rüben Salat

1	*mittelgroße Rübe pro Person*
Für die Sauce:	
2-4 EL	*Öl*
1-2 EL	*Zitronensaft*
ca. 1 TL	*Kreuzkümmel*
ca. 1 TL	*Honig*
	Salz

Die Rüben kochen, währenddessen für die Sauce alle Zutaten im Mixer gut vermischen. Die gekochten Rüben schälen und fein schneiden, dann mit der Sauce übergießen.

Karotten-Rosinen Salat

4 T	*geriebene Karotten*
3/4 T	*Rosinen*
1/2 T	*geröstete Sonnenblumenkerne*
	Thymian, Estragon oder Kerbel
	Öl, Tamari oder Zitronensaft

Karotten, Rosinen und Sonnenblumenkerne in einer Schüssel mit den gewählten Gewürzen und Kräutern, Öl und Tamari vermischen. **Ca. 4 Tassen**

Krautsalat mit Karotten

1	*kleiner Kohlkopf*
1-2	*Karotten*
Für die Sauce:	
1 T	*Öl*
2 EL	*Zitronensaft*
2 EL	*Wasser*
1 T	*Sauerrahm oder Yoghurt*
	Petersilie, Kümmel, Salz

Das Kraut sehr fein schneiden und mit den grob geraspelten Karotten vermischen. Mit Salz und Kümmel bestreuen und etwa 20 Minuten ziehen lassen. Währenddessen für die Sauce alle Zutaten im Mixer gut vermischen und die Sauce über das Kraut und die Karotten gießen. **Für 4 - 6 Personen**

Suppen

„Die Krankheiten kommen kontinuierlich bis in die Zukunft hinein nicht zu demjenigen, der weiß, was zuträglich in Bezug auf Essen und Trinken ist, der beständig mit der höchsten Wirklichkeit verbunden ist."

Caraka Samhita
Begründer der ayurvedischen Medizin

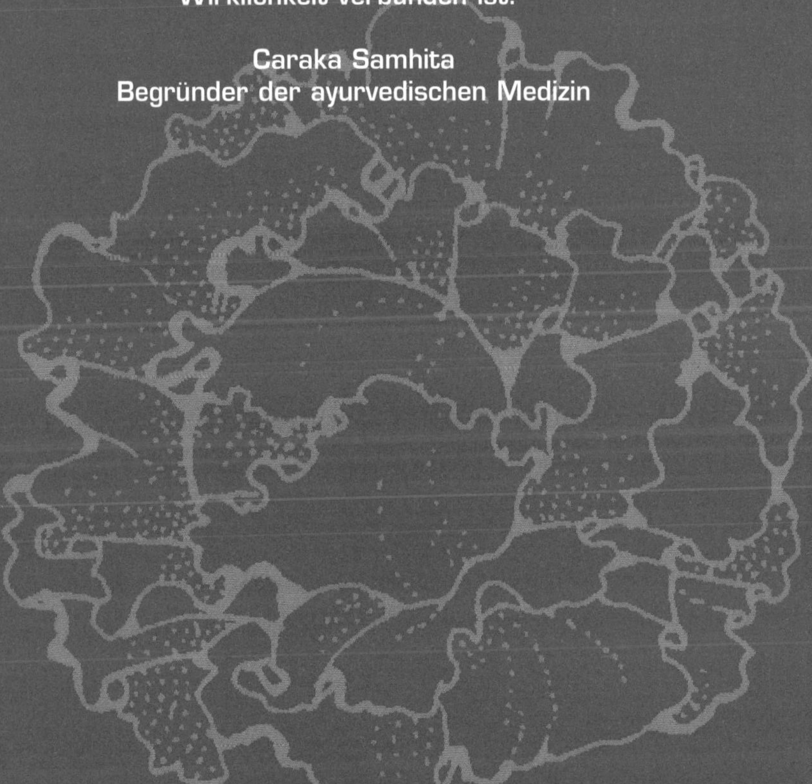

Linsen-Dhal

2 T	*Linsen*
3 T	*Wasser*
1	*Karotte, in Scheiben geschnitten*
1	*Lorbeerblatt*
1 Tl	*Kreuzkümmel*
1 Tl	*Kurkuma*
1 Tl	*Salz*
2 Tl	*Korianderpulver*
6	*ganze Nelken*
1/2 Tl	*Zimt*
4	*grüne Kardamoms, zerstoßen*
2	*Steckrüben, gerieben*
1 Tl	*Senfkörner*
1/2 Tl	*Currypulver*
	Ghee, Butter oder Öl
1 Tl	*Zitronensaft*
1/2 Bd	*frische, zerkleinerte Petersilie*

Die Linsen waschen und für 2 Stunden einweichen. Mit Wasser spülen, Karotte und Lorbeerblatt dazugeben, 3 Tassen Wasser hinzufügen und bei schwacher Hitze 90 Minuten kochen lassen.
Ghee, Butter oder Öl in einer Pfanne erhitzen, Senfkörner dazugeben, rösten, bis sie platzen. Anschließend die geriebenen Steckrüben dazugeben. Fünf Minuten anbraten, dann den Rest der Gewürze (außer Zitronensaft und Petersilie) hinzufügen. Weitere fünf Minuten kochen lassen. Danach die Gewürzmischung unter die gekochten Linsen geben. Vor dem Servieren Zitronensaft und Petersilie darüber streuen.
Für 8 Personen

Erbsensuppe mit Gerste

2 El	*Öl*
1	*Lorbeerblatt*
1 El	*Sellerie*
1 T	*Spalterbsen*
1/4 T	*Gerste*
7 - 8 T	*Wasser*
1/2 Tl	*Basilikum*
1/2 Tl	*Thymian*
1	*Karotte in Scheiben geschnitten*
2	*Stangen Sellerie in Stücke geschnitten*
1/2 T	*gehackte Petersilie*
1	*Kartoffel, würfelig geschnitten*

Gemüse in Öl anbraten, gemeinsam mit dem Lorbeerblatt, Basilikum und Thymian, Erbsen, Gerste, Salz, Pfeffer und Wasser zum Kochen bringen, zudecken und auf kleiner Flamme eine oder eineinhalb Stunden köcheln lassen, um eine dicke Suppe zu bekommen. **Ergibt ca. 7 Tassen**

Erbsensuppe pikant

2 El	*Öl*
1 Tl	*Basilikum*
1/4 Tl	*schwarzer Pfeffer*
1 Tl	*Cumin*
1/2 Tl	*Ingwerpulver*
2 Tl	*Salz*
6 T	*Wasser*
3 T	*Spalterbsen*
1/2 T	*Karotten*
1/2 T	*Sellerie*
1/2 T	*grüner Paprika*
1/2 T	*Kartoffel*
1 El	*Zitronensaft*

Auf kleiner Hitze die Gewürze ein paar Minuten lang anrösten. Das geschnittene Gemüse dazugeben und gut durchmischen, damit es vollständig mit Öl bedeckt ist. Wasser, Spalterbsen, Honig und Zitronensaft dazugeben. Zum Kochen bringen, und die Hitze dann reduzieren.

Eine Stunde, oder wenn man eine cremige Konsistenz wünscht, auch länger köcheln lassen. **Ergibt ca. 7 Tassen**

Gemüsesuppe mit Gerste

1	*grüner Paprika, fein geschnitten*
3	*Karotten, würfelig geschnitten*
2	*Stangen Sellerie, in Stücke geschnitten*
2	*Pastinaken, würfelig geschnitten*
1 T	*Erbsen*
3 El	*Öl*
2 T	*gehackter Spinat*
8 T	*Wasser*
3/4 T	*rohe Gerste*
1/2 Tl	*Majoran*
1/2 Tl	*Thymian*
2 Tl	*fein gehackte Petersilie*
	Salz, Pfeffer

Pastinaken findet man nur selten auf unseren Märkten; wenn du keine bekommen kannst, nehme Rüben.

Die Kräuter und das ganze Gemüse, außer Erbsen und Spinat, 10 Minuten in Öl anbraten,dann das Wasser und die Gerste dazugeben und zum Kochen bringen, 45 Minuten köcheln lassen. Erbsen und Spinat beigeben, weitere 5 Minuten kochen lassen. Wenn die Suppe zu dick ist, mit Wasser verdünnen. **Für 10 - 12 Teller**

Pürierte Gemüsesuppe

2	*Karotten*
1 1/2 T	*Blumenkohl*
1	*kleine Zucchini*
1 T	*grüne Bohnen*
3 T	*Wasser*
1/4 Tl	*Salbei*
3/4 El	*frisches Dillkraut*
1/8 T	*Tamari*
3/8 T	*Diäthefe*
	Salz

Gemüse, Wasser, Gewürze und Tamari in einem Kochtopf geben, zum Kochen bringen und schmoren lassen. Wenn das Gemüse noch fest ist, im Mixer pürieren, dann in den Topf zurückgießen und die Hefe dazugeben. Es können auch andere Gemüse verwendet werden: Brokkoli, Spinat, Sellerie oder Kartoffeln und man kann auch die Kräuter nach Geschmack variieren. **Für 7 - 8 Teller**

Wiener Tomatensuppe

1 El	*Butter*
2 El	*Weizenvollmehl*
1 T	*Tomatenmark*
2 Tl	*Honig*
1 Tl	*Zimt*
1/8 l	*Schlagsahne*
1 El	*Sauerrahm pro Teller*
1	*vegetarischer Suppenwürfel*
	8 - 10 T Wasser
	Salz, Pfeffer

Butter in einem Topf zergehen lassen und Mehl darauf aufschäumen, mit Salz, Pfeffer und Suppenwürfel würzen, und dann mit Wasser aufgießen. Tomatenmark dazugeben, mit Honig, Zimt und Suppenwürze abschmecken. Salzen, pfeffern. Aufkochen lassen und dann 1/8 l Schlagsahne einrühren. Vor dem Servieren mit einem Löffel geschlagener Sahne oder Sauerrahm garnieren. **Für 4 - 6 Personen**

Mandelcremesuppe

300 g	*Mandeln*
2 T	*grüner Paprika, geschnitten*
2 T	*Tomaten, geschnitten*
2 El	*Butter*
1	*vegetarischer Suppenwürfel*
1	*Lorbeerblatt*
1/4 l	*Schlagsahne*
1 Tl	*Gelbwurzpulver (Tumeric)*
2 El	*gehackte Petersilie*
8 - 10 T	*Wasser*
	Salz, Pfeffer

Butter in einem Topf zerlassen und das kleingeschnittene Gemüse einige Minuten darin dünsten. Aus Wasser und Suppenwürfel eine Brühe bereiten und damit das Gemüse aufgießen. Das Lorbeerblatt und die geschälten (1), gehackten Mandeln dazugeben und auf kleiner Flamme etwa 20 Minuten köcheln lassen. Nach dem Abkühlen der Suppe das Lorbeerblatt entfernen und sie im Mixer glatt pürieren. Die Schlagsahne mit der Gelbwurz verrühren und in die fertige Suppe geben. Mit Salz und Pfeffer abschmecken und zum Schluß mit Petersilie garnieren.
Die Mandeln lassen sich ganz leicht aus der Schale drücken, wenn man sie kurz in heißes Wasser gelegt hat.
Für 4 - 6 Personen

Käsesuppe mit Gemüse

500 g	*Gemüse (z.B. Karotten, Sellerie, Tomaten, Kohlrüben, grüner Paprika)*
150 g	*gut schmelzender Käse*
2 El	*Butter*
2 El	*Mehl*
8 - 10 T	*Wasser*
1	*vegetarischer Suppenwürfel*
1	*kl. Bund Petersilie*
	Salz, Pfeffer

Butter erhitzen und das kleingeschnittene Gemüse darin anrösten, mit Salz und Pfeffer würzen und das Mehl dazugeben. Leicht anbräunen lassen und dann mit Wasser aufgießen. Den Suppenwürfel dazugeben und das Gemüse garen. Feingeschnittenen Käse einrühren und weitere 5 Minuten köcheln lassen. Vor dem Anrichten mit Petersilie garnieren. **Für 4 - 6 Personen**

Selleriecremesuppe mit Gurke

1	*mittelgroße Sellerie*
1 El	*Butter*
2 - 3	*Karotten*
2 - 4	*Kartoffeln*
1 T	*Sauerrahm*
1	*vegetarischer Suppenwürfel*
1	*Gurke*
1 Tl	*Zitronensaft*
8 - 10 T	*Wasser*
	Salz, Pfeffer, Oregano

Den Sellerie schälen und in Würfel schneiden, die geschnittenen Karotten und Kartoffeln dazugeben, mit Wasser aufgießen und das Gemüse weichkochen lassen, den Suppenwürfel dazugeben, mit Salz, Pfeffer, Oregano abschmecken. Rahm einrühren und das Ganze pürieren. Die Gurke in streichholzgroße Stücke schneiden und kurz in Butter dünsten. Zum Schluß in die Selleriecreme einrühren; mit Zitronensaft abschmekken. **Für 4 - 6 Personen**

Kalte Joghurtsuppe

4 T	*Joghurt*
1 T	*fein geschnittenes Weißkraut*
1	*Gurke*
1 Bd	*Petersilie*
1 El	*frische Minze oder*
1 Tl	*trockene Minze*
2 El	*Rosinen*
1 EL	*Nüsse*
2 T	*Wasser*
	Salz

Joghurt mit Wasser verdünnen und schlagen, damit eine glatte Creme entsteht. Salzen und das Weißkraut dazugeben sowie die in feine Scheiben geschnittene Gurke, die gehackte Petersilie, die Minze, die Rosinen und die grob gehackten Nüsse. Gut verrühren. **Für 4 - 6 Personen**

Cremige Spinatsuppe

500 g	*Spinat*
2 El	*Butter*
2 El	*Vollkornweizenmehl*
4 T	*Milch*
	Paprika, Muskatnuß zum Würzen
	Parmesan

Spinat in einer 1/2 Tasse Wasser für fünf Minuten dämpfen. In einem Mixer pürieren und beiseite stellen. Butter zum Schmelzen bringen und das Mehl dazugeben. 10 Minuten kochen lassen, anschließend Milch und Gewürze dazugeben. Ständig umrühren, damit sich keine Klümpchen bilden. Den pürierten Spinat dazugeben und vor dem Servieren mit Parmesan bestreuen.
Für 6 Personen

Brokkolicreme-Suppe

6 T	*Brokkoli, zerteilt*
1/4 T	*Butter*
1/2 Tl	*Bohnenkraut*
1/4 Tl	*geriebene Muskatnuß*
1/2 Tl	*Oregano*
6 El	*Vollweizenmehl*
4 T	*Milch*

Die Brokkolistücke zerhacken und kurz am Dunst kochen. Währenddessen die Butter auf schwacher Hitze in der Pfanne zergehen lassen und das Mehl dazugeben; gut umrühren. Nach und nach unter ständigem Rühren die Milch zugießen. Bevor weitere Milch zugegeben wird, jeweils eindicken lassen. Sorgfältig und ohne Unterbrechung weiterrühren, damit sich keine Klumpen bilden und die Masse nicht ansetzt. Kräuter beigeben, wenn alle Milch aufgebraucht ist. Brokkoli im Mixer fein pürieren. Wenn die Suppe heiß ist, das Brokkolipüree dazugeben und gut einrühren. Noch einen Augenblick am Feuer lassen. **Ca. 9 Teller**

Curry-Suppe

3 El	*Öl*
1/2 Tl	*Senfkörner*
2	*mittelgroße Kartoffeln*
1 T	*Blumenkohl*
1 T	*Brokkoli*
1	*grüne Pfefferschote, zerhackt*
1 Tl	*Currypulver*
1 Stck	*Zimtstange, klein*
etwas	*frische Korianderblätter*
	oder Petersilie

Öl erhitzen, Senfkörner hinzugeben, unter Rühren zum Kochen bringen. Kartoffeln dazugeben, bei mittlerer Hitze einige Minuten umrühren, 3 Tassen Wasser hinzufügen, abdecken und die Kartoffeln für ca. 5 Minuten dämpfen lassen. Deckel abnehmen, Tomaten, Blumenkohl, Brokkoli und Currypulver dazugeben. Alles gut vermischen, Zimtstückchen dazugeben, abdecken und weitere 5 Minuten dämpfen lassen. Die Kartoffeln sollten weich sein, der Blumenkohl fest, aber nicht matschig. Salt dazugeben. Vor dem Servieren mit den zerhackten Korianderblättern oder Petersilie bestreuen.

Hauptspeisen

Hauptspeisen

„Der Sattvabaum trägt die Frucht genannt Harmonie.
Der Rajasbaum trägt die Frucht genannt Leid.
Der Tamasbaum trägt die Frucht genannt Unwissenheit“,

Bhagavadgita

Dalmades Yalanzi (Gefüllte Weinblätter)

500 g	*Rundkornreis*
200 g	*eingelegte Weinblätter*
1 Bd	*Dill*
1	*Zitrone*
	Kräutersalz
	Pfeffer
	Öl

Reis unter kaltem Wasser auswaschen, bis das Wasser klar wird. In einem Topf 5 El Öl erhitzen, den Reis unter Rühren anbraten. Kräutersalz, Pfeffer und 1 1/2 Tassen Wasser hinzufügen. Den Reis langsam zum Kochen bringen, bis das Wasser vollständig absorbiert ist. Den feingeschnittenen Dill hinzugeben und erkalten lassen.
In jedes Weinblatt ca. 1 El Reis einlegen, einrollen. In einem Topf die gerollten Weinblätter in Schichten auslegen, anschließend einen umgekehrten Teller auf den Topf geben. Topf mit Wasser (bis zum Teller) füllen, Zitronensaft und 1 El Öl hinzufügen. Bei mittlerer Hitze kochen lassen, bis 2/3 des Wassers absorbiert ist.

Kohl nach indischer Art

1	*Kohl, kleingeschnitten*
1	*Kartoffel, gewürfelt*
1 El	*Senfkörner*
1 Tl	*Koriander*
1/2 Tl	*Kurkuma*
1/2 Tl	*Kreuzkümmelsamen*
1/2 Tl	*Currypulver*
	Salz, Muskatnuß, Paprika
2 El	*Öl*

Öl in einer Pfanne erhitzen, Senfkörner dazugeben und kochen lassen bis sie platzen. Die restlichen Gewürze dazugeben und für 1 - 2 Minuten köcheln lassen. Kohl und gewürfelte Kartoffel hinzufügen. Ca. 1 Minute umrühren, dann 1 - 2 El Wasser dazugeben, abdecken und kochen lassen bis der Kohl weich ist. **Für 4 - 6 Personen**

Latkes (Kartoffelpuffer)

6	*Kartoffeln, fein gerieben*
1 gr	*Steckrübe, fein gerieben (nach Wahl)*
1 Tl	*Senfpulver*
1 1/2 T	*Mehl*
2 Tl	*Backpulver*
1/2 Tl	*Salz*

Die geriebenen Kartoffeln trocken reiben. Die restlichen Zutaten dazugeben und zusammenmixen. Wenn nötig, mehr Mehl zum Binden dazugeben. Von Hand kleine Scheiben formen und in Öl braten bis sie goldbraun sind, dann wenden und auf der anderen Seite anbraten. Im Backofen warm halten, bis alle Pfannkuchen fertig sind. Mit Apfelmus, Saurer Sahne oder Joghurt servieren. **Für 6 Personen**

Kartoffel-Bhaji

4	*mittelgroße Kartoffeln*
3 El	*Öl*
1/2 El	*Senfkörner*
1/2 Tl	*Gelbwurzpulver*
1/2	*Zitrone*
2 El	*frischer Koriander (oder 1/2 El Pulver)*
	Salz, Cayennepfeffer

Kartoffeln weichkochen, abseihen und beiseitestellen. Öl in einer Pfanne erhitzen und Senfkörner darin zum aufspringen bringen, dann die restlichen Gewürze dazugeben. Kartoffeln beigeben und sorgfältig im Öl wenden. Zudecken und ca. 10 Minuten dünsten, dabei immer wieder umrühren. Vom Feuer nehmen, Zitronensaft dazugeben und gut durchmischen. Mit den frischen Korianderblättern bestreuen. **Für 4 Personen**

Überbackenes Gemüse

4 T Brokkoli
2 T Karotten
1 T Sellerie
1 T Erbsen
3 T Bechamelsauce

Zum Überbacken:

1/3 T Butter (Zimmertemperatur)
3/4 T Mehl
1 1/2 T geriebener Käse
1/3 T Sonnenblumenkerne
1 1/2 Tl Sesam

Gemüse in kleine Stücke schneiden. Man kann die Karotten am Dunst vorkochen, da sie länger brauchen, bis sie weich sind. Indessen die Bechamel vorbereiten (siehe Rezept). In einem Topf Mehl in die Butter einrühren, bis die Masse bröselig ist. Geriebenen Käse, Sesam und Sonnenblumenkerne dazugeben und mit der Hand gut durchkneten. In einer flachen Schüssel Gemüse und Sauce vermischen.

Butterbrösel gleichmäßig über das Gemüse verteilen. Bei mittlerer Hitze im Rohr überbacken, bis die Kruste goldbraun ist.

Für 4 - 6 Personen.

Gemüsepastete

Für die Füllung:

2 T Karotten
2 T grüner Paprika
1 T Brokkoli oder Blumenkohl
1/2 T Erbsen oder Mais

Für den Teig:

1/4 T fein ausgesiebtes Vollkornmehl
3/4 T feines Maismehl
1/3 T Sojamehl
1/3 T Öl
1 1/3 T Milch oder Sauermilch oder
1 T Milch mit 1 El Zitronensaft
1 El Backpulver
Salz

Für die Sauce: *Kichererbsensauce*

Gemüse verarbeiten wie im vorhergehenden Rezept beschrieben. Sauce bereiten. Für den Teig Vollkornmehl, Milch- und Backpulver gemeinsam durchsieben und mit den Flüssigkeiten vermischen. Teig ausrollen, eventuell Milch dazugeben. Das Gemüse mit der Sauce gut durchmischen und in eine Form füllen, anschließend mit dem Teig überdecken, dabei darauf achten, daß Ecken und Ränder gut geschlossen sind. Bei mittlerer Hitze etwa eine Stunde im Rohr überbacken, auf jeden Fall solange, bis die Teigoberfläche leicht gebräunt ist.

Für 4 - 6 Personen

Gemüsepastete im Kräuterteig

4 T Brokkoli
2 T Karotten
1 T Sellerie
3/4 T Erbsen oder frischer Mais
2 - 3 T Bechamel

Für den Kräuterteig

2 T gut gesiebtes Vollkornmehl
2 Tl Backpulver
1 El Petersilie
1 El Dillkraut (od. 1/2 Tl getrockneter Dill)
1/3 T zerlassene Butter
1/2 T kalte Milch
Salz

Gemüse und Sauce wie im vorhergehenden Rezept verarbeiten. Für den Teig Mehl, Backpulver, Dillkraut, Petersilie und Salz gemeinsam verarbeiten. Butter dazugeben, mit Milch anfeuchten und den Teig verkneten, ausrollen und über das in eine Form gefüllte Gemüse breiten, leicht mit Milch bepinseln. Im heißen Rohr ca. 30 Minuten überbacken, bis der Teig braun ist.

Für 4 - 6 Personen

Gemüsechili

3/4 T	*kleine Bohnen*
3/4 T	*Paprika*
3/4 T	*Sellerie*
1/2 T	*Karotten*
3 El	*Öl*
1 Tl	*Pimentpulver (evtl. weniger)*
1/2 Tl	*Cumin*
1/2 Tl	*Gelbwurzpulver (Tumeric)*
1 El	*Tamari*
1 1/2 El	*Zitronensaft*
1 T	*Tomaten*
1 T	*Tomatenmark*
	Salz

Über Nacht eingeweichte Bohnen weichkochen. Die Gewürze einzeln in Butter anrösten, alle Gemüse dazugeben und einige Minuten dünsten. Tomaten und Tomatenmark beigeben, gut durchrühren. 15 Minuten weiterdünsten, die gekochten Bohnen beigeben und wieder 15 Minuten dünsten. Mit einer warmen Suppe und Maisbrot servieren. **Ergibt ca. 6 Teller**

Erbsen-Blumenkohl-Curry

2 T	*Erbsen*
3 T	*Blumenkohl*
4 El	*Öl*
2 Tl	*Kreuzkümmel (Cumin)*
1 Tl	*schwarze Senfkörner*
	Salz

In einer dickbödigen Pfanne das Öl erhitzen und Kümmel- und Senfkörner hineingeben; wenn die Senfkörner aufspringen, Salz und Gemüse beigeben. Gut umrühren, Hitze reduzieren, zudecken. Weiterdünsten und von Zeit zu Zeit umrühren, bis das Gemüse gar ist (ca. 15 Min.). **Für 4 - 6 Personen**

Schwedische Getreidebällchen

1/4 T	*Wasser*
1 T	*Joghurt*
1/2 T	*Vollkornbrotkrumen*
2 T	*gekochtes Getreide (Reis, Hirse, Gerste etc.)*
2 St	*Tofu*
1	*Stangensellerie, in feine Scheiben geschnitten*
1/8 Tl	*Gewürzmischung*
1/2 Tl	*frischer Pfeffer*
1/4 Tl	*Ingwerpulver*
2 El	*frischer Dill, fein geschnitten (oder*
3 El	*getrockneter Dill)*
1/4 Tl	*Muskatnuß*
1 El	*Dillsamen*
1/8	*Mehl*
60 g	*Butter*
2	*Gemüse-Bouillonwürfel*
1 1/2 T	*heißes Wasser*

In einer großen Schüssel Wasser und Joghurt vermischen. Brotkrumen dazugeben und 5 Minuten einweichen lassen. Gewürze hinzufügen. Sellerie mit einem Stück Butter oder etwas. Öl anbraten, bis er weich ist. Zu der Brotkrumenmischung hinzufügen. Getreide und Tofu dazugeben.

Die Mischung hat die richtige Konsistenz, wenn sich leicht in kleine Bällchen formen läßt. Wenn nötig, mehr Wasser oder Brotkrumen dazugeben. Die kleinen Bällchen auf ein eingefettetes Backblech legen und bei 180 °C ca. 20 Minuten backen. In der Zwischenzeit Butter in einer Pfanne schmelzen lassen, Mehl darunterrühren, 5 Minuten kochen lassen (dabei ständig umrühren). Bouillonwürfel in heißem Wasser auflösen und langsam zu der Butter-Mehl-Mischung dazurühren. Dillsamen dazugeben und langsam köcheln, bis die gewünschte Festigkeit erreicht ist. Zu den Getreidebällchen reichen. **Für 4 Personen**

Gebackene Maccaroni mit Käse

8 Unzen	*Vollkornmaccaroni*
1/2 T	*Butter*
1/4 T	*Vollkornmehl*
1 Tl	*Salz*
1/8 Tl	*Pfeffer*
2 T	*Milch*
2 T	*scharfen Cheddarkäse, gerieben*
1	*große Tomate, in dicke Scheiben geschnitten*

Backofen auf 175 °C vorheizen. Maccaroni in Wasser kochen bis sie bißfest sind; abtropfen lassen, beiseite stellen. Butter in einer Pfanne schmelzen lassen. Vom Herd nehmen und Mehl, Salz und Pfeffer unterrühren. Wieder auf die Herdplatte stellen und langsam die Milch dazugeben. Unter ständigem Umrühren zum Kochen bringen. Hitze reduzieren und 1 Minute sieden lassen. Vom Herd nehmen und 2/3 des Käses und sämtliche Nudeln dazugeben. In eine Auflaufform geben. Die Tomatenstücke und den restlichen Käse darüberstreuen. 15 Minuten backen, bis der Käse goldbraun ist.
Für 4 - 6 Personen

Tofu Stroganoff

6 St	*Tofu (hart)*
2	*Stangen Sellerie*
1 süße	*rote Pfefferschote*
1/2 Tl	*Tamari*
etwas	*Zitronensaft*
etwas	*Pfeffer*
1 Tl	*Tomatenmark*
2 El	*Mehl*
1 T	*Gemüsebouillon*
1 T	*Joghurt*
1 Tl	*Basilikum*
1 Tl	*Dill*

Tofu in dünne Scheiben schneiden. Auf beiden Seiten mit 2 El Butter anbraten. Sellerie und Pfefferschote (in dünne Scheiben geschnitten oder gerieben) ebenfalls in 2 El Butter anbraten. Wenn das Gemüse weich ist, Pfanne vom Herd nehmen, Tamari und Tomatenmark dazugeben. Das Mehl in 1/2 Tasse Gemüse-Bouillon auflösen und zu der Mischung geben. Pfanne erneut auf den Herd stellen und langsam den Rest der Bouillon dazuschütten. Ganz langsam den Joghurt dazugeben (vorsichtig sein, nicht zum Kochen bringen lassen), Pfeffer und Kräuter dazugeben. Den Tofu in eine Auflaufform geben, Sauce darüber gießen und bei 180 °C ca. 20 Minuten backen. Zu Nudeln (oder anderem Getreide) servieren.
Für 6 Personen

Indisches Dhal (Gewürzlinsen)

1 T	*rote Linsen oder Spalterbsen*
3 T	*Wasser*
2 Sl	*Öl*
1 Sl	*kleine scharfe Pepperoni (nach Belieben)*
4	*Gewürznelken*
1 Tl	*Gelbwurzpulver*
1 Tl	*Kreuzkümmel (Cumin)*
1/2 Tl	*schwarze Senfkörner*
	Salz

Linsen oder Erbsen zu Brei verkochen. Währenddessen Öl in einer Pfanne heiß werden lassen und die Senfkörner dazugeben. Wenn sie aufspringen, die Gewürze dazugeben; anrösten. Zu den Linsen oder Erbsen geben, gut durchrühren und wieder warm werden lassen. Mit Wasser verdünnen, wenn nötig.
Für 4 - 6 Personen

Blumenkohlcurry

ca. 1 kg	*Blumenkohl (Karfiol)*
2 El	*Öl*
je 1/2 Tl	*Ingwer, Salz, Kumin, evtl. Cayenne, Zimt, Koriander, Senfkörner*
1 1/2 T	*Erbsen*
2 El	*frischer Koriander*
2	*zerkleinerte Tomaten*

Blumenkohl in Röschen zerteilen. Öl bei mittlerer Hitze in einer Pfanne heiß werden lassen, Gewürze darin anrösten. Dann den zerkleinerten Blumenkohl dazugeben, umrühren. Zudecken und halb garkochen. Jetzt die Erbsen, den Koriander und die Tomaten dazugeben; schmoren lassen, damit sich das Gemüse gut mischt. **Für 4 - 6 Personen**

Alu Sabje (Kartoffeln und Erbsen)

4	*mittelgroße Kartoffeln*
2 T	*Erbsen*
1/4 T	*Öl*
1 Tl	*Fenchel*
1 Tl	*schwarze Senfkörner*
1/2 Tl	*Cumin*
2 Tl	*Gelbwurzpulver*
	Salz, Wasser

Die würfelig geschnittenen Kartoffeln weichkochen und beiseitestellen. Öl in einer Pfanne erhitzen, alle Gewürze und Körner dazugeben; wenn die Senfkörner aufspringen, alle Zutaten beigeben, einschließlich der abgetropften Kartoffeln. Kartoffeln und Erbsen warm werden lassen.
Für 4 Personen

Reis Byriani

1 T	*Auberginen, würfelig geschnitten*
1 T	*Karotten, würfelig geschnitten*
1 T	*Erbsen*
1 T	*Blumenkohl (Karfiol)*
1	*Paprika, würfelig geschnitten*
1	*Tomate zerkleinert*
1 El	*Butter oder Ghee (Butterschmalz)*
4	*Gewürznelken*
4	*Kardamomschoten*
1	*Zimtstange (4 - 5 cm)*
2 T	*Vollreis*
1/4 Tl	*Cayennepfeffer (nach Belieben)*
4 T	*Wasser*
	Salz

In einem großen Topf die Butter zergehen lassen und darin die Paprikastücke anbraten, dann die Gewürznelken, die Kardamomschoten und die in drei Stücke gebrochene Zimtstange dazugeben und weitere drei Minuten anrösten. Die Tomate dazugeben und unter ständigem Umrühren 5 Minuten dünsten. Wenn sich Tomate und Gewürze zu einer Sauce verbunden haben, den rohen Reis eingießen, mit Salz und Cayennepfeffer würzen und gut durchmischen. Alle anderen Gemüse dazugeben und gut umrühren, damit sie vollständig mit der Sauce bedeckt sind. Nun das Wasser dazugeben und 20 Minuten dünsten lassen oder so lange bis das Wasser völlig aufgebraucht ist. Man kann dieses Gericht alleine, nur mit Yoghurt servieren.
Für 6 - 8 Personen

Gelber Reis-Gemüse Pilaf

1 1/2 T	*Vollreis*
1 St	*Ingwer (ca. 2 - 3 cm)*
2 kl	*grüne Pepperoni (nach Belieben)*
2	*Lorbeerblätter, gestoßen*
1 El	*frisch gehackte Korianderblätter*
1/2 Tl	*Gelbwurzpulver*
3 El	*Butter oder Ghee (Butterschmalz)*
1	*grüner Paprika, fein geschnitten*
1 Tl	*Curry*
1 T	*Erbsen*
1 T	*Grüne Bohnen, in Stücke geschnitten*
1 T	*zerkleinerte Tomaten*
3 T	*Wasser*
	Salz

Ingwer, Pepperoni, Lorbeerblätter, Koriander und Gelbwurz im Mixer pürieren. Butter zergehen lassen und darin den Paprika mit Curry leicht anbraten. Dann die Ingwerpaste und den Reis dazugeben; Reis glasig werden lassen. Gemüse und Salz dazugeben. Einige Minuten anbraten. Mit Wasser aufgießen, zum Kochen bringen und im zugedeckten Topf dünsten lassen, mindestens zwanzig Minuten oder solange bis alles Wasser verkocht ist. **Für 4 - 6 Personen**

Sambar

1 2/3 T	*Spalterbsen*
4 T	*Wasser*
1 T	*Blumenkohl (Karfiol)*
1 T	*grüne Bohnen, in 2 cm Stücken*
2/3 T	*zerkleinerte Tomaten*
2/3 T	*Paprika, in Stücke geschnitten*
2 El	*Zitronensaft*
6 El	*Kokosraspel*
2 El	*Butter*
2 Tl	*Kreuzkümmelpulver (Cumin)*
2 Tl	*Korianderpulver*
1 Tl	*schwarze Senfkörner*
1/2 Tl	*Cayennepfeffer oder*
2 kl	*Pepperoni*
1 Tl	*Gelbwurzpulver (Tumeric)*
	Salz

Wasser in einem Topf zum Kochen bringen und darin die Spalterbsen 20 Minuten lang dünsten, dann das andere Gemüse dazugeben und solange weiterkochen, bis die Erbsen breiig werden.

Inzwischen die Butter in einer Pfanne heiß werden lassen und die Senfkörner dazugeben. Wenn sie aufspringen, die anderen Gewürze und zum Schluß den Kokosraspel dazugeben. 5 Minuten anrösten. Dieses Gemisch zum Erbsenpüree geben und gut durchmischen; die Masse muß von dicker Konsistenz sein. **Für 4 - 6 Personen**

Blumenkohl Curry Nr. 2

2 kg	*Blumenkohl (Karfiol)*
4 El	*Öl*
1 Tl	*Ingwer*
1 Tl	*Gelbwurzpulver*
1/2 Tl	*Zimt*
1 Tl	*Koriander*
1 Tl	*schwarze Senfkörner*
1 Tl	*Cumin*
2/3 T	*Wasser*
3 T	*Erbsen*
4 El	*frische Korianderblätter*
4	*Tomaten, würfelig geschnitten*
	Salz

Blumenkohl waschen und in Röschen zerteilen; Öl in einem Topf erhitzen und alle Gewürze darin anrösten, dann den Blumenkohl dazugeben und mit Wasser aufgießen. Gut umrühren und den Blumenkohl im zugedeckten Topf solange kochen lassen, bis er beinahe weich ist. Korianderblätter und Erbsen dazugeben und 5 Minuten weiterkochen; unter gelegentlichem Umrühren garkochen. **Für 10 - 12 Personen**

Reispilaf à la Benares

2 T	*Vollreis*
3 El	*Öl oder zerlassene Butter*
4	*Kardamomschoten*
1	*Lorbeerblatt*
10	*Gewürznelken*
1	*Zimtstange (6 - 7 cm)*
24	*schwarze Pfefferkörner (nach Belieben)*
2 Tl	*frisch geriebenen Ingwer*
4 T	*Wasser*
	Salz

Öl oder Butter heiß werden lassen und den Reis darin glasig anrösten. Gewürze dazugeben und gut verrühren. Mit Wasser aufgießen und den Reis fertigkochen lassen.
Für 4 - 6 Personen.

Überbackene Maccaroni

500 g	*Maccaroni*
1 1/2 T	*geriebener Käse (Parmesan)*
1/2 T	*Milch*
1	*Paprika, in Stücke geschnitten*
	Salz, Pfeffer

Maccaroni kochen und abtropfen lassen, dann in einer Schüssel mit den anderen Zutaten gut durchmischen. In eine gebutterte Auflaufform geben und mit geriebenem Käse bestreuen. Bei guter Hitze 45 Minuten im Rohr überbacken. **Für 4 Personen**

Kichererbsen-Curry

1 T	*Kichererbsen*
1/2 T	*grüner Paprika, fein geschnitten*
2 T	*gehackter Spinat*
3 El	*Öl*
1 Tl	*Senfkörner*
1 Tl	*Gelbwurzpulver*
1 El	*Tomatenmark*
1/2 Tl	*Currypulver, Salz*
1 Tl	*Korianderpulver*
1 El	*Zitronensaft*
3 El	*Honig*

Die Kichererbsen über Nacht in Wasser einweichen. Kochen, abseihen und beiseitestellen. Öl in einem Topf erhitzen und die Senfkörner darin anrösten bis sie aufspringen, dann alle Zutaten beigeben, außer den Kichererbsen.
Diese erst nach weiteren zehn Minuten kochen dazugeben und 20 Minuten auf kleiner Flamme dünsten; von Zeit zu Zeit umrühren.
Für 4 Personen

Upama (indisches Getreidefrühstück)

1/2 T	*Öl*
1 El	*Senfkörner*
1 Tl	*Currypulver*
je 1/2 Tl	*Kreuzkümmel, Kurkuma und Korianderpulver*
1	*grüne Pfefferschote, entkernt*
2 T	*Hartweizengrieß*
1 Prise	*Salz*
4 T	*kaltes Wasser*
1/2 T	*Gemüse (Erbsen, grüne Bohnen, Karotten)*

Öl in einer Pfanne bei mittlerer Hitze erwärmen, Senfkörner hineingeben, abdecken und kochen lassen, bis sie platzen. Gewürze hinzufügen, 1 Min. anbraten lassen, anschließend Salz, kleingehackte Pfefferschote und Gemüse dazugeben. Weichkochen lassen, dann den Weizengrieß hinzufügen. Gut umrühren, rösten lassen bis die Mischung leicht braun ist. Kaltes Wasser dazugeben und weiterrühren, bis die gewünschte Konsistenz erreicht ist, anschließend gleich servieren. **Für 4 Personen**

Kichererbsen-Käse-Brot

2 T	*gekochte Kichererbsen*
1 T	*Vollkornbrösel*
3/4 T	*Ananassaft*
1 T	*Sellerie, in Stücke geschnitten*
3 El	*Öl*
1/4 T	*gehackte Petersilie*
1 El	*Miso (Sojapaste)*
1 T	*geriebener Käse*
1 Prise	*Cayennepfeffer*
	Salz

Die Brösel im Ananassaft weichen lassen, während das Gemüse vorbereitet wird. Die Kichererbsen grob mahlen oder hacken, jedoch nicht zu einem Brei verarbeiten. Die Kichererbsen auch zum Ananassaft geben sowie alle weiteren Zutaten, außer dem Miso. Dieses in ein wenig Wasser auflösen, damit daraus eine dünnflüssige Paste wird und dann der Masse beifügen. In eine gefettete Auflaufform füllen und ca. 45 Minuten backen, bis die Ränder braun werden.
Für 4-6 Personen

Linsen in Melassesirup

2 T	*Linsen*
4 T	*Wasser*
1	*Lorbeerblatt*
3/4 T	*Tomatenmark*
3 El	*Melassesirup (oder Ahornsirup)*
2 Tl	*Zucker oder Honig*
1/2 Tl	*Ingwerpulver*
1/2 Tl	*Senfpulver*
1/2 Tl	*Pimentpulver*
1 Tl	*schwarzer Pfeffer*
	Salz

Linsen mit dem Lorbeerblatt kernig kochen. Die anderen Zutaten beigeben und vorsichtig umrühren. 15 Minuten weiterdünsten; heiß servieren. **Für 4-6 Personen**

Glasnudeln

1	*Bund Brokkoli*
1	*grüne Paprika*
2	*Stangensellerie*
250 g	*feine Glasnudeln*
2 El	*Öl*
	Tamari

Glasnudeln 2 Minuten im Wasser kochen. Gemüse zerteilen und im Öl anbraten, die abgetropften Nudeln zum Gemüse geben. Nach Geschmack mit Tamari übergießen und gut durchrühren, um alle Nudeln mit dem Tamari zu bedecken. **Für 4 Personen**

Gemüsekuchen

1 T	*Sonnenblumenkerne*
1/2 T	*Mehl*
1/2 T	*Diäthefe*
2 El	*Zitronensaft*
2 El	*Butter*
2	*mittelgroße Karotten*
1	*mittelgroße Kartoffel*
1	*Stange Sellerie*
1 Prise	*Salbei Thymian oder Basilikum*
1 T	*heißes Wasser*
	Salz

Alle Zutaten in einem Mixer 4 Minuten lang pürieren. In eine befettete Brotform geben und eine Stunde lang bei mittlerer Hitze im Rohr backen. Das Brot wird aufgehen, sich aber beim Auskühlen wieder senken. Kalt servieren.

Überbackener Tofu

500 g	*Tofu im Stück*
	Butter
	Tamari
	Diäthefe

Den Tofu in 10 bis 12 Teile zerteilen, Butter in einem Topf zergehen lassen und nach Geschmack Tamari dazugeben. Den Tofu in Schichten auf Aluminiumpapier oder auf ei-

nen Teller legen und das Butter-Tamari Gemisch darübergießen. Mit Hefeflocken überstreuen und bei mittlerer Hitze 20 Minuten lang im Rohr überbacken oder solange bis der Tofu gebraten und knusprig ist.
Für 4 Personen

Kichererbsen-Gemüse Kuskus

3/4 T	*ungekochte Kichererbsen*
2 El	*Öl*
2 T	*Süßkartoffel, in Stücke geschnitten*
1/2 T	*Sellerie in Stücken*
1 T	*zerkleinerte Tomaten*
3/4 T	*grüner Paprika, geschnitten*
1 1/2 T	*Wasser oder Suppe*
2 Tl	*Paprikapulver*
1 Tl	*Gelbwurzpulver*
1 Tl	*Basilikum*
1	*Lorbeerblatt*
	Salz, Cayennepfeffer (einen Hauch), Zimt

Kichererbsen kochen. Sellerie in einem Suppentopf gemeinsam mit den Süßkartoffeln 5 Minuten anbraten. Gewürze, Kräuter und Wasser dazugeben, zum Kochen bringen. Die restlichen Zutaten und die Kichererbsen beigeben, aufkochen, dann das Gemüse eine halbe Stunde garkochen lassen.
Für 6 Personen

Blattspinat mit Tomaten

1500 g	*Blattspinat*
1 El	*Butter*
2 T	*Bechamelsauce (siehe Rezept)*
1 T	*geriebener Käse*
5 - 8	*Tomaten*
	Salz, Pfeffer, Oregano

Den Blattspinat im Salzwasser kurz überkochen, er soll kernig bleiben und dann abseihen. Auf einem gut gefetteten Backblech verteilen, salzen und pfeffern, mit Bechamelsauce übergießen und mit Käse bestreuen. Darüber die in Scheiben geschnittenen Tomaten verteilen, mit Oregano würzen und ca. 20 Minuten im Rohr backen.
Für 4 - 6 Personen

Blattspinat mit Kapern

1500 g	*Blattspinat*
3 El	*Butter*
2 El	*Salzkapern*
1 Tl	*vegetarische Suppenwürze*
	Salz, Pfeffer, Muskatnuß

Den Spinat im Salzwasser kurz überkochen, er soll kernig bleiben, abseihen und fein hacken. In Butter anrösten und mit den Gewürzen abschmecken.
Für 4 - 6 Personen

Belegte Auberginen

2 - 3	*mittelgroße Auberginen*
1 T	*Mehl*
2 - 3 El	*Butter*
4 - 6	*Tomaten*
1 El	*Salzkapern*
2	*grüne Paprika*
150 g	*Mozzarella*
	Salz, Pfeffer

Die Auberginen (Melanzani) in ca. 1 cm dicke Scheiben schneiden, salzen, pfeffern und in Mehl wälzen. Auf ein gefettetes Backblech legen und darauf Tomatenscheiben, die in feine Streifen geschnittenen Paprika, Kapern und den in Scheiben geschnittenen Mozzarella verteilen. Im Rohr bei guter Hitze ca. 15 - 20 Minuten überbacken.
Für 4 - 6 Personen

Letscho

1 T *Sellerie*
1 T *Karotten*
3 El *Butter*
3 - 5 *grüne Paprika*
8 - 10 *Tomaten*
1 kl *Zucchini*

Salz, Pfeffer, Oregano, Majoran, Kapern, rote Paprika süß, Petersilie
Sellerie und Karotten fein raspeln und in Butter scharf anrösten. In Streifen geschnittene Paprika, geschälte und geviertelte Tomaten und würfelig geschnittenen Zucchino dazugeben. Alle Gewürze beigeben und auf kleiner Flamme garköcheln lassen.
Für 4 - 6 Personen

Selleriegratin

2 *Knollen Sellerie (ca. 1 kg)*
1 T *Butter*
6 El *Mehl*
1 Tl *Senfpulver*
3/4 l *Milch*
12 El *Parmesan*
Petersilie, Salz, Pfeffer
1 T *Vollkornbrösel*
150 g *Mozzarella*

Sellerie waschen, schälen und in Stifte schneiden, diese in Salzwasser ca. 5 Minuten überkochen. Abtropfen lassen und warm halten.
Käsesauce:
Butter zerlassen, Mehl und Senfpulver einrühren. Leicht anschwitzen und dann nach und nach Milch einrühren. 2 - 3 Minuten bräunen lassen, dabei ständig rühren, damit sich keine Klümpchen bilden. Mit Salz und Pfeffer abschmecken, Parmesan unterrühren und gehackte Petersilie dazugeben.
Die Selleriestifte unter die Sauce heben und die Masse in eine feuerfeste Form gießen.
Mit Semmelbrösel bestreuen und mit Mozzarellascheiben belegen. Ca. 10 Minuten im Rohr überbacken, bis sich eine goldbraune Kruste bildet. **Für 4-6 Personen.**

Zitronenkartoffeln

8 - 10 *mittelgroße Kartoffeln*
1 Tl *Kümmel*
2 El *Butter*
2 *Zitronen (ungespritzt)*
Salz, Pfeffer

Kartoffeln schälen und würfelig schneiden, in Salzwasser mit Kümmel kurz überkochen, nicht weich werden lassen. In einer Pfanne Butter zergehen lassen und mit Zitronenschale und -saft und Petersilie vermischen. Abgetropfte Kartoffeln dazugeben, mit Salz und Pfeffer abschmecken. In eine Form füllen, im Rohr ca. 30 Minuten knusprig backen. **Für 4 - 6 Personen**

Kartoffelkrapfen

8 - 10 *mittelgroße Kartoffeln*
4 - 6 *mittelgroße Tomaten*
150 g *Mozzarella*
2 - 3 El *Butter*
1 Tl *geriebene Muskatnuß*
1 Tl *Oregano*
1 Tl *Minze, getrocknet oder*
1 El *frische Minze*
Salz, Pfeffer

Kartoffeln weichkochen, schälen und durch die Kartoffelpresse drücken. Diese Masse mit Salz, Pfeffer und Muskat würzen und daraus Krapfen formen. Diese auf ein befettetes Backblech setzen.
Die Krapfen mit einer Tomatensauce garnieren, mit Oregano, Minze, Salz und Pfeffer bestreuen und schließlich noch eine Scheibe Mozzarella daraufsetzen.
Im Rohr ca. 15 - 10 Minuten überbacken.
Für 4 - 6 Personen

Kartoffel-Zucchini-Kasserolle

5	*Kartoffeln, geputzt, gewürfelt*
3 gr	*Zucchinis, geputzt, in Scheiben geschnitten*
1/4 T	*Sonnenblumenkerne*
1 T	*Cheddarkäse, gerieben*
1 El	*Basilikum*
	Salz, Pfeffer, Paprika
1 El	*Butter*
1/4	*Milch (nach Wunsch)*

Kartoffeln in Wasser kochen, bis sie weich sind. Währenddessen in einer ungefetteten Pfanne die Sonnenblumenkerne bei mittlerer Hitze toasten. Ständig umrühren (ca. 10 Minuten). Danach 1/2 El Tamari dazugeben und weitere 2 Minuten kochen lassen. Vom Herd nehmen. In einem Topf oder im Wok die Zucchini dämpfen, bis sie weich sind. In eine eingeölte Kasserolle geben, mit Sonnenblumenkernen und Basilikum bestreuen. Backofen auf 180 °C vorheizen.Die Kartoffeln mit dem Kartoffelwasser oder mit Milch zerdrücken. Butter, Salz und Pfeffer dazugeben. Über die Zucchinis geben, mit geriebenem Käse bedecken und mit Paprika bestreuen. Bei 180 °C backen, bis der Käse geschmolzen ist. **Für 4 Personen**

Grüne Bohnen mit Mandeln

500 g	*frische Bohnen*
4 El	*Butter*
1/4 T	*Mandelsplitter*
1/4 T	*Zitronensaft*

Die Bohnen waschen und dämpfen, so daß sie noch bißfest sind. Butter zerschmelzen lassen und mit dem Zitronensaft mischen, die getoasteten Mandelsplitter dazugeben und anschließend die Mischung über die Bohnen geben. **Für 4 Personen.**

Gefüllte, gebackene Tomaten

6 - 8	*Tomaten*
1	*Steckrübe, gerieben*
1/4 T	*Öl*
1/2 T	*zerhackte Walnüsse*
1/2 T	*zerhackte Petersilie*
1/4 T	*zerhackter, frischer Dill oder 1 Tl getrockneter Dill*
1 Tl	*Tamari*
1/4 Tl	*Pfeffer*
1/2 T	*Vollkornbrotkrumen oder gekochten braunen Reis*

Ein Stück vom Boden von jeder Tomaten abschneiden und beiseite legen. Die Tomaten aushöhlen und das Fruchtfleisch in eine Schüssel geben. Steckrübe in Öl anbräunen. Das gut entwässerte Fruchtfleisch für 1 - 2 Minuten braten. Die restlichen Zutaten hinzufügen (außer ein paar El Brotkrumen), 3 Minuten braten, dann die Tomaten damit füllen. Die abgeschnittenen Stücke auf die Tomaten geben, mit Öl und Brotkrumen bestreuen. In eine Backform, die mit ein klein wenig Wasser gefüllt ist, geben. Bei 180 °C ca. 30 - 40 Minuten backen, anschließend gleich servieren. **Für 6 Personen**

Süßkartoffeln in Ananassauce

8 gr	*Süßkartoffeln*
4 El	*Butter*
1/2 T	*Honig*
1 Dose	*Ananasstückchen*
2 Tl	*Stärkemehl*

Die Süßkartoffeln putzen und weich kochen. Abkühlen lassen, schälen, zerdrücken, beiseite stellen. Butter schmelzen lassen, mit Honig und Ananasstückchen vermischen. Stärkemehl in 2 El Wasser auflösen und unter die Ananasmischung rühren.

Unter die zerdrückten Kartoffeln mischen, bei 120 °C ca. 20 Minuten backen.
Für 8 - 10 Personen

Linsen-Gemüse-Curry

1 1/2 T	*Linsen*
3/4 l	*Wasser*
2	*Stangen Sellerie, in dünne Scheiben geschnitten*
1 Dose	*Tomatenmark*
2 El	*Erdnußbutter (ungesalzen, nicht geröstet)*
1 /2 l	*Joghurt*
1 T	*frische Petersilie, zerhackt*
4	*Karotten*
2	*Kartoffeln, gewürfelt*
250 g	*grüne, ganze Bohnen*
1 Tl	*Basilikum*
1 Tl	*Oregano*
1 Tl	*Currypulver*
	Meersalz oder Tamari

Die Linsen waschen und bei mittlerer Hitze mit dem Wasser für 2 Stunden kochen. Kartoffeln, Karotten, Sellerie, Erdnußbutter und Joghurt hinzufügen. Weitere 30 - 45 Min. köcheln lassen. Kräuter und grüne Bohnen dazumischen und weitere 15 Minuten kochen lassen. Mit einer Getreidesorte servieren. **Für 6 Personen**

Karotten in Dill

4	*Karotten*
1 El	*Butter*
1 Tl	*Dill*

Karotten waschen, in Scheiben schneiden und weich kochen. Butter in einer Pfanne schmelzen lassen, Karottenscheiben dazugeben, Dill dazugeben, 1 Minute kochen lassen, servieren. **Für 4 Personen**

Nudeln in brauner Sauce

500 g	*Nudeln*
2 El	*Öl*
2 - 3 El	*brauner Bohnensauce*
	etwas Ingwer, sehr fein gehackt
1 T	*Gemüse, sehr fein geschnitten*
1 El	*Hoy Sin Sauce*
1 El	*Tamari*
1 El	*Wasser*

Nudeln weichkochen, gut abtropfen lassen. Etwas Öl in einem Wok erhitzen, die Nudeln dazugeben. 2- 3 Minuten anbraten, dabei ständig umrühren, bis sie crisp sind. Beiseite stellen. Erneut Öl im Wok oder einer Pfanne erhitzen, braune Bohnensauce dazugeben, 1 Min. kochen lassen. Unter Rühren den Ingwer und das Gemüse hinzufügen und 2 Min. kochen lassen. Hoy Sin Sauce, Tamari und Wasser dazugeben. Eine weitere Minute kochen lassen und zusammen mit den Nudeln servieren.
Für 6 - 8 Personen

Würziger Bananenreis (Kaltspeise)

Zutaten I:

4 El	*Öl*
2 El	*Zitronensaft*
1 Tl	*Salz*
je 4 Tl	*Koriander, Kreuzkümmelpulver und Cayennepfeffer*
1 Tl	*Honig*
1 El	*geriebene Orangenschale*

Zutaten II:

2 T	*gekochter brauner Reis, abgekühlt*
1 kl	*Gurke, in Würfel geschnitten*
2	*Bananen, in Scheiben geschnitten*
1 El	*zerkleinerte Nüsse (Walnüsse, Mandeln, Erdnüsse)*
2 El	*Rosinen, in Apfelsaft eingeweicht*

Zuerst die Zutaten I zusammenmischen, anschließend zu den Zutaten II dazumengen. Mindestens 30 Min. in den Kühlschrank stellen. **Für 4 Personen**

Calas (gebratener Reis nach Kreolenart)

1 1/2 T	*gekochter brauner Reis*
1 1/2 T	*Vollkornweizenmehl*
1 1/2 Tl	*Backpulver*
1 Tl	*Zimt*
1/2 - 1 Tl	*Muskatnuß*
1/4 Tl	*Salz*
1 El	*Honig*
1/2 - 1 T	*Milch*
	Pflanzenöl

Reis auf Zimmertemperatur abkühlen lassen. Alle trockenen Zutaten - außer dem Reis - zusammenrühren. Reis, Honig und etwas Milch dazugeben. Nach und nach etwas mehr Milch dazugießen, bis die Mischung feucht genug ist, um daraus Bällchen zu formen. Die Mischung in 6 gleich große Häufchen teilen, die Hände mit Wasser oder Öl befeuchten und aus der Masse Bällchen formen. Öl in einem Wok oder einem Kessel auf 180 °C erhitzen. Die Bällchen für ca. 8 Minuten fritieren, bis sie goldbraun sind. Auf Papierküchentüchern trocknen, abkühlen lassen und servieren.
Für 6 Personen

Spanische Reis-Kasserolle

2	*grüne Pfefferschoten, entkernt und kleingeschnitten*
1 El	*Öl*
3 El	*Tomatenmark oder 3 frische Tomaten*
2 T	*gekochter Reis*
1/2 Tl	*Chilipulver*
1/2 T	*geriebener Cheddarkäse*

Pfefferschoten, Tomaten oder Tomatenpaste in Öl anbraten, Chilipulver dazugeben. Etwas Wasser dazuschütten, umrühren, Reis hinzufügen. Die Reismischung in eine gefettete Kasserolle geben, den geriebenen Käse darüber streuen. Bei 180 °C ca. 30 Min. backen. **Für 6 Personen.**

Kalte Sesamnudeln

500 g	*Vollkorn- oder Spinatnudeln*
1 El	*frischen Ingwer, fein gerieben*
1 El	*frische Steckrüben, fein gerieben*
2 Tl	*Sesam-Tahini oder chinesische Sesambutter*
1 El	*Sesamöl*
1 El	*Erdnußbutter (auf Wunsch)*
2 El	*Tamari*
3 El	*Wasser*
1/2 Tl	*Senfpulver*
1 El	*Zitronensaft*
2 El	*Ahornsirup*

Die Nudeln bißfest kochen. Gut abtropfen lassen und mind. 1 Stunde in den Kühlschrank stellen. Die anderen Zutaten mit einem Schneebesen oder Rührgerät verrühren. Einige Minuten ruhen lassen. Vor dem Servieren über die Nudeln geben.
Für 4 Personen

Grundrezept für Weizen

250 g	*Weizen*
1/2 l	*Wasser*

Den Weizen mit dem Wasser in einen Topf geben und zugedeckt über Nacht einweichen. Am nächsten Tag den Weizen mit dem Einweichwasser zum Kochen bringen, umrühren, dann zugedeckt bei kleinster Hitze 20 Minuten köcheln lassen. Den Herd abschalten und den Weizen noch 40 Minuten ausquellen lassen. **Für 4 Personen**

Grünkern

300 g	*Grünkern*
1/2 l	*Wasser*

Wasser zum Kochen bringen, Grünkern hineinstreuen, umrühren, aufkochen, dann zugedeckt 10 Min. bei kleinster Hitze köcheln lassen. Den Herd abstellen und den Grünkern auf der heißen Herdplatte weitere 20 Minuten ausquellen lassen.
Für 4 Personen

Grundrezept für Hafer

300 g	*Hafer*
1/2 l	*Wasser*

Wasser zum Kochen bringen, den Hafer hineinstreuen, umrühren, aufkochen und zugedeckt 10 Minuten bei kleinster Hitze köcheln lassen. Den Herd abschalten und den Hafer auf der heißen Herdplatte weitere 20 Minuten ausquellen lassen.
Für 4 Personen

Grundrezept für Gerste

200 g	*Gerste*
1/2 l	*Wasser*

Wasser zum Kochen bringen, Gerstenkörner einstreuen, umrühren, aufkochen und 10 Minuten bei kleinster Hitze köcheln lassen. Herd abschalten und die Gerste auf der heißen Herdplatte weitere 40 Minuten ausquellen lassen. **Für 4 Personen**

Grundrezept für Maisgrieß

150 g	*Maisgrieß*
1/2 l	*Wasser*

Wasser zum Kochen bringen, Maisgrieß einstreuen, umrühren und 5 Minuten bei kleinster Hitze köcheln lassen. Herd abschalten und den Maisgrieß zugedeckt noch 10 Minuten ausquellen lassen.
Für 4 Personen

Grundrezept für Hirse

250 g	*Hirse*
1/2 l	*Wasser*

Wasser zum Kochen bringen, Hirse hineinschütten, umrühren, aufkochen und 5 - 10 Min. bei kleinster Hitze köcheln lassen. Herd abschalten und die Hirse weitere 20 Minuten auf der heißen Herdplatte ausquellen lassen. **Für 4 Personen**

Grundrezept für Buchweizen

200 g	*Buchweizen*
1/2 l	*Wasser*

Wasser zum Kochen bringen, Buchweizen hineinstreuen, umrühren und bei kleinster Hitze 5 Minuten köcheln lassen. Herd abschalten, Buchweizen auf der heißen Herdplatte weitere 15 Min. ausquellen lassen.
Für 4 Personen

Gerste mit Bratäpfeln

4	*Äpfel*
100 g	*Gerste (nach Grundrezept gekocht)*
200 g	*Sellerieknolle, fein gerieben*
50 g	*Walnußkerne, gehackt*
1 El	*Ahornsirup*
1	*abgeriebene Schale von 1 unbehandelten Zitrone*
1 Prise	*Salz, etw. Butter für die Form*

Die Äpfel waschen und in der Bratpfanne zugedeckt oder im Backofen 30 Minuten braten. Die Gerste in eine Schüssel geben. Bratäpfel im Mixer pürieren und zur Gerste eben. Die Sellerieknolle ebenfalls zur Gerste geben. Walnüsse mit dem Ahornsirup, der Zitronenschale und dem Salz einmischen. Die Mischung in eine gefettete feuerfeste Form geben und im vorgeheizten Backofen bei 200 °C ca. 20 Minuten backen.

Das paßt dazu:
Schlagsahne oder flüssige süße oder saure Sahne
Variante:
Das Gericht kann auch mit Roggen zubereitet werden. Einen Rest kann man mit Schlagsahne vermengen und mit Früchten sowie Pistazien garnieren. **Für 4 Personen**

Schwarzwurzeln mit Mandelsplittern

500 g	*Schwarzwurzeln*
1Tl	*Kräutersalz*
50 g	*Mandelsplitter*
50 g	*Butter*

Schwarzwurzeln waschen, bürsten, schälen. Einen Topf mit Wasser zum Kochen bringen, darin die Schwarzwurzeln bei kleinster Hitze ca. 10 Min. garen. Inzwischen die Mandelsplitter in der Butter goldgelb braten. Die Schwarzwurzeln mit dem Salz würzen und mit den gerösteten Mandelsplittern bestreut anrichten. **Für 4 Personen**

Tofu Quiche

Zutaten für den Teig:

1/2 T	*Butter oder*
1/4 T	*Butter und 1/8 Tasse Öl*
2 T	*Vollkornmehl*
1/2 - 3/4	*Wasser*

Butter mit dem Mehl vermischen, Wasser dazugeben, bis ein glatter Teig entstanden ist, der gut zu bearbeiten ist. 1/2 Tag in den Kühlschrank legen, dann ausrollen und füllen.

Quiche Füllung:

5 T	*zerkleinerter Tofu*
1 T	*geriebener Schweizer- oder Cheddarkäse*
2 T	*zerkleinertes Gemüse (Brokkoli, Blumenkohl, Spargel, grüne Bohnen, Zucchinis etc.*
2 Tl	*Kurkuma*
1/8 Tl	*schwarzer Pfeffer*
	Salz
je 1/2 Tl	*Basilikum, Bohnenkraut und/oder Dill*

Zutaten vermischen auf den Teig legen. Bei 210 °C ca. 20 Minuten backen.

Auberginen-Auflauf

1 gr	*Aubergine*
1 T	*geriebener Cheddarkäse*
	max. 2 T Vollkornbrotkrumen
1/4 T	*Milchpulver*
6 El	*Butter*
2	*grüne Pfefferschoten, fein geschnitten*
	Tamari

Aubergine zerkleinern und weichdünsten. Die Haut kann - wenn gewünscht - entfernt werden. In der Zwischenzeit die Pfefferschoten in ca. 3 El Butter anbraten.
Aubergine mit dem Käse, Tamari und dem Milchpulver vermischen. Anschließend die gebratenen Pfefferschoten und soviel Brotkrumen wie nötig sind, um der Mischung eine dicke Konsistenz zu verleihen, hinzufügen.
Die Auflaufform einölen und mit Brotkrumen bestreuen. Die Auberginenmischung in die Form geben, mit Brotkrumen und Butterstücken bestreuen. Bei 180 °C ca. 30 Min. backen. Wird mit Getreide oder Nudeln serviert. **Für 6 Personen**

Kuchen

Kuchen und Desserts

„Einst arbeiteten die Götter und Dämonen zusammen, um durch die Quirlung des Milchozeans den Unsterblichkeitsnektar zu erlangen.
Sie benutzten dafür einen riesigen Berg als Quirl, den sie mit der Spitze nach unten auf eine Schildkröte stellten.
Auf dem Berg befestigten die Götter eine Schlange als Seil und begannen jeweils an einem Ende zu ziehen, um den Quirl in Bewegung zu setzen.
Während der langen Arbeit entstanden aus dem Milchozean Sonne und Mond.
Schließlich entstieg „Dhanvantan“, der Gott der Heilkunde dem Meer und hielt eine weiße Schale in den Händen, worin der Unsterblichkeitsnektar „Amrta“ enthalten war.“

Schöpfungsmythos Indiens

Vollkorn-Muffins

2 T Vollkornmehl
2 Tl Backpulver
1/3 T Öl
1/4 T Honig
ca. 1 1/2 T Milch, Soja- oder Buttermilch

Variante:

Nüsse, Rosinen, Blaubeeren, Preiselbeeren, Honig können durch frische oder getrocknete Kräuter ersetzt werden.

Alle Zutaten vermischen. Auf ein gefettetes Backblech oder in gefettete Muffin-Formen geben und bei 200 °C ca. 20 Min. backen
Ergibt ca. 15 Muffins

Maisbrot

2 1/2 T Vollmaismehl
3 1/2 T Weizenmehl
3 Tl Backpulver
3/4 T Öl
1/4 T Honig (auf Wunsch)
3 T Joghurt, Buttermilch oder Sojamilch
1/2 Tl Salz

Alle Zutaten vermischen, in 2 eingeölte Brotformen oder auf ein Backblech geben. Bei 170 °C ca. 1 Std. backen. Das Brot ist gut gebacken, wenn beim Einstechen mit einer Gabel, kein Teig an ihr hängenbleibt.

Bananenbrot

3 reife Bananen
1/2 T Honig
2 T Vollkornmehl
1/2 Tl Salz
1 Tl Backpulver
1/2 T zerhackte Nüsse
2 El zerlassene Butter oder Öl

Backofen auf 180 °C vorheizen.
Die Bananen im Mixer oder mit einer Gabel pürieren. Honig unterrühren (entweder im Mixer oder mit einem Schneebesen).
Mehl, Salz und Backpulver zusammen sieben. Zu der Honig-Bananenmischung geben, umrühren. Nüsse, Butter oder Öl hinzufügen. In eine längliche Back- oder Brotform geben und bei 180 °C ca. 1 Stunde backen. Das Bananenbrot ist gut, wenn beim Einstechen mit einer Gabel, kein Teig festklebt.
Beachte: Bananenbrot hat die Tendenz sehr feucht zu sein, es ist deshalb wichtig, einen guten Backofen zu haben, ansonsten ist die Außenseite des Brotes gut gebacken, während in der Mitte noch alles weich ist. Wenn Du dieses Problem haben solltest, mußt Du das Brot bei einer niedrigeren Temperatur trockenbacken.

Honigkuchen

1/2 T zerlassene Butter
1 1/4 T Honig
1/2 T Yoghurt
1/4 T Milch
1/2 Tl Vanille
2 T gesiebtes Weizenvollmehl
2 Tl Backpulver
1/2 Tl Ingwer
1/2 Tl Zimt
1/4 Tl Wasser
Salz

Die trockenen Zutaten vermischen und den flüssigen Zutaten untergeben, so daß alles gut angefeuchtet ist. Die Masse in eine gefettete Form von etwa 22 cm Durchmesser füllen und bei guter Hitze ca. 45 Minuten im Rohr backen. **Durchmesser: ca. 22 cm**

Orangenkuchen

2 Tl	*Orangenabrieb (Achtung: Nur ungespritzte Orangen verwenden!)*
3/4 T	*zerlassene Butter*
1 T	*Honig*
1 Tl	*Vanille*
1/4 T	*Orangensaft*
3/4 T	*Sauermilch oder*
1 T	*Milch mit 1 El Zitronensaft vermischt*
3 T	*fein gesiebtes Weizenvollmehl*
1 El	*Backpulver*
	Salz

Zerlassene Butter, Honig und Vanille vermengen und mit Orangensaft und -abrieb sowie mit der Milch schaumig rühren. Backpulver gut mit dem Mehl vermischen und der Masse unterheben. In eine befettete Form von ca. 22 cm Durchmesser füllen und bei mittlerer Hitze im Rohr 50 - 60 Minuten backen.

Durchmesser: ca. 22 cm

Schokoladekuchen

2 1/2 T	*fein gesiebtes Weizenvollmehl*
1 T	*Honig*
1/2 T	*Kakao*
2 Tl	*Speisesoda*
1 T	*Öl*
1/2 T	*Milch*
1/2 T	*Yoghurt*
1 T	*heißes Wasser*
1 Tl	*Vanille*
	Salz

Die flüssigen und die festen Zutaten getrennt vermischen, aus beiden Teilen eine Masse bereiten, die nicht zu stark gerührt wird. In einer gut befetteten Form bei mittlerer Hitze ca. 45 - 60 Minuten backen.

Kokos-Karotten Kuchen

1 T	*Honig*
3/4 T	*Öl*
1/2 T	*Yoghurt*
2 T	*fein gesiebtes Weizenvollmehl*
2 Tl	*Backpulver*
1 El	*Zimt*
1 Tl	*Vanille*
1 T	*Kokosraspel*
1/2 T	*geriebene Karotten*
	Salz

Alle Flüssigkeiten mit den geriebenen Karotten vermischen. Davon getrennt alle festen Zutaten, außer den Kokosraspel, vermischen und dann der flüssigen Masse unterheben. Jetzt Kokosraspel dazugeben; nicht zu stark und zu lange rühren. In eine gut gefettete Form geben und bei guter Hitze ca. eine Stunde im Rohr backen.

Pudding à la Francaise

Für die Sauce:

2 1/2 T	*Honig*
1 3/4 T	*Wasser*
2 Tl	*Vanille*
2 El	*Butter oder Margarine*

Teig:

2/3 T	*zerlassene Butter*
1/2 T	*Honig*
3 1/2 T	*Weizenvollmehl*
4 1/2 T	*Backpulver*
1 T	*Milch*
1 T	*Yoghurt*
	Salz

Die Zutaten für die Sauce in einem Topf abmischen und 5 Minuten kochen lassen. Inzwischen den Teig vorbereiten: Die festen und die flüssigen Zutaten getrennt mischen und dann die trockene Masse kurz in die Flüssigkeiten einmengen. Die Masse in eine nicht gefettete Form geben und mit Sauce bedecken.

Im vorgeheizten Rohr bei guter Hitze ca. 45 - 60 Minuten backen. Auskühlen lassen und lauwarm servieren. **Für 9 Personen**

Zitronensauce

1/3 Tl	*Zitronenabrieb (Achtung: nur ungespritzte Zitronen verwenden!)*
1 T	*Orangen- oder Ananassaft*
1 1/2	*El Pfeilwurzpulver*
1/3 T	*Honig*

Zitronensaft mit der Pfeilwurzel auf sehr kleiner Hitze mit dem Rührbesen schlagen, dann die weiteren Zutaten (außer dem Zitronenabrieb) beigeben und unter ständigem Rühren auf der Flamme eindicken lassen. Vor dem Servieren den Zitronenabrieb dazugeben. **Ergibt 1 Tasse**

Knusprige Äpfel

8	*Äpfel*
1/4 T	*Butter*
1 T	*Zitronensaft*
1 Tl	*Zimt*
3/4 T	*Rosinen (nach Belieben)*

Zum Überbacken:

1 T	*nicht zu grobe Haferflocken*
1/3 T	*geröstete Weizenkeime*
1/2 T	*Weizenvollmehl*
2 Tl	*Zimt*
1/4 T	*Honig*
1 1/2 T	*Öl*

Die Äpfel in Spalten schneiden und in eine Form geben, Zitronensaft, zerlassene Butter, Zimt und Rosinen dazugeben, gut durchmischen, damit die Äpfel gleichmäßig bedeckt sind.
Für den Guß alle Zutaten in einer großen Schüssel vermischen und zu einer glatten Masse verarbeiten. Gleichmäßig über die Äpfel verteilen, ein wenig andrücken, damit alle Früchte bedeckt sind. Bei guter Hitze ca. 25 Minuten im Rohr überbacken.
Für 8 - 9 Personen

Erdnußbutterkuchen

2/3 T	*Butter*
1 1/4 T	*Honig*
1 1/2 T	*Erdnußbutter*
4 Tl	*Vanillepulver*
2 1/2 T	*fein gesiebtes Weizenvollmehl*
1/2 Tl	*Backpulver*
1/2 T	*Yoghurt*
	Salz (eine Messerspitze)
	Karob-(Johannisbrot-)Paste
1/2 T	*der Erdnußpaste von oben*
1 1/2	*El Milch*
1/2 Tl	*Honig*
1 El	*Karob-(Johannisbrot) Pulver*
1/4 Tl	*Zimt*

Butter und Honig schaumig schlagen, dann alle Flüssigkeiten dazugeben. Die trockenen Zutaten unterheben. In eine befettete Form geben. Die Karob-(Johannisbrot-) Paste bereiten und in die Erdnußbutter einziehen. Bei guter Hitze ca. 30 - 35 Minuten backen und aufschneiden.

Karamelnußkuchen

1/2 T	*Butter*
1 1/2 T	*Rohzucker*
1 Tl	*Vanille*
1 1/2 T	*fein gesiebtes Weizenvollmehl*
1 Tl	*Backpulver*
1 T	*gehackte Nüsse*
3/4 T	*Magermilch oder Yoghurt*

Butter weich werden lassen und mit dem Zucker mischen. Unter ständigem Rühren zum Kochen bringen, nach dem Erkalten Vanille und Molke dazugeben. Die anderen Zutaten getrennt vermischen und dann der Masse unterheben. Bei mittlerer Hitze ca. 45 Minuten backen.

Janakis Maisbrot

2 1/2 T	*Maismehl*
2 T	*fein gesiebtes Weizenvollmehl*
1 T	*Kleie*
1 1/2 Tl	*Backpulver*
1 1/2 Tl	*Speisesoda*
1 T	*Öl*
1/3 T	*Honig*
2 1/4 T	*Milch*
	Salz

Die trockenen und die flüssigen Zutaten getrennt vermischen, dann zusammenfügen; die Masse muß flüssig sein. Wenn sie zu dick ist, weitere Milch dazugeben. In eine gefettete Form gießen. Erst 10 Minuten im heißen Rohr backen, dann die Hitze senken und weitere 30 Minuten backen.

Für 8 - 10 Personen

Goldbraune Kekse

6 T	*fein gesiebtes Weizenvollmehl*
3 1/2 T	*Backpulver*
1 1/2 Tl	*Speisesoda*
2 1/2 T	*Sauermilch oder*
1 T	*Milch mit 1 El Zitronensaft*
1/4 T	*Öl*
	Salz

Die trockenen Zutaten in eine Schüssel geben und in der Mitte eine Mulde machen. In diese die flüssigen Zutaten geben und leicht durchmischen, um das Ganze anzufeuchten; rasch mit der Hand durchkneten. Etwa 1 cm dick ausrollen und aus dieser Platte Kekse von etwa 5 cm Durchmesser ausstechen (nicht größer, sonst gehen die Kekse nicht gleichmäßig auf). Auf ein befettetes Blech geben und im heißen Rohr ca. 10 - 15 Minuten backen, bis die Oberfläche der Kekse goldbraun ist.

Für ca. 20 Kekse

Apfelmuffins

1T	*fein geraspelte Äpfel*
2 T	*fein gesiebtes Weizenvollmehl*
1 El	*Backpulver*
2 Tl	*Zimt*
1/2 T	*Milch*
1/4 T	*Öl*
1/2 T	*Honig*
2 El	*Yoghurt*
2 El	*Milch*

Die feuchten und die trockenen Zutaten getrennt vermischen und dann zusammengeben, nicht zu lange rühren, dann rasch die Äpfel einarbeiten und in die dafür vorgesehenen gut gefetteten Muffinformen (entsprechen in Form und Inhalt etwa den Formen für „Mohr im Hemd") füllen. Im heißen Rohr 20 - 25 Minuten backen.

„Muffins" sind eine vor allem in den Vereinigten Staaten bekannte Kuchenform.

Für 12 große Muffins

Krokant

2 1/4 T	*feine Haferflocken*
1/2 T	*Kokosraspel*
1/4 T	*geriebene Nüsse (nach Belieben)*
1/2 T	*Rosinen*
1/4 T	*Sonnenblumenkerne*
1/8 T	*Sesam*
1/4 T	*Öl*

Die feuchten und die trockenen Bestandteile getrennt vermischen und dann zusammenfügen. Die Haferflocken müssen gut feucht sein. Das Ganze auf Küchenpapier oder auf der Herdplatte verteilen; bei mittlerer Hitze dörren. Nach etwa 15 Minuten mit einem Spaten wenden und dörren lassen, bis das Ganze goldbraun ist. In das fertige Krokant die Rosinen untermischen.

Diesem Grundrezept kann je nach Geschmack jedes beliebige Getreide oder alle gewünschten Früchte beigefügt werden.

Für ca. 500 g

Orangen-Zitronen- Glasur

1 1/2 T	*Öl*
1/3 T	*Honig*
4	*Zitronen*
6	*Orangen*
4 T	*nicht aufgelöstes Milchpulver*

Zuerst die flüssigen Bestandteile vermischen und dann die trockenen Zutaten untermischen; die Masse schaumig schlagen. Wenn die Glasur dicker werden soll, mehr Milchpulver verwenden, aber vorsichtig, daß nicht zuviel genommen wird, sonst wird die Masse zäh. Zum Eindicken in den Kühlschrank stellen. **Ergibt 7 - 8 Tassen**

Karob-Nuß Brownies

3 T	*fein gesiebtes Weizenvollmehl*
1/3 T	*Milchpulver*
1 1/3 T	*Karob- (Johannisbrot-) Pulver*
4 Tl	*Backpulver*
2/3 T	*Öl*
1 1/3 T	*Honig*
2 T	*Wasser*
1 1/3 T	*geriebene Nüsse*
	Salz

Feuchte und trockene Zutaten getrennt vermischen und dann zusammenfügen. Die Masse soll dickflüssig (Honig) sein; wenn nötig Wasser dazugeben. Kleine befettete Formen zur Hälfte füllen und im Rohr bei mittlerer Hitze 30 Minuten backen.
Für ca. 20 Brownies

Pfirsichpastete

1/2 T	*zerlassene Butter*
1 T	*fein ausgesiebtes Weizenvollmehl*
1/2 T	*Yoghurt*
1/2 T	*Milch*
1/2 T	*Honig*
1/2 Tl	*Zimt*
1/2 Tl	*Muskatnuß*
1 El	*Trockenhefe*
6 T	*Pfirsiche*

Trockene und flüssige Bestandteile getrennt vermischen und dann zusammenfügen. Die Pfirsichhälften am Boden einer Form anordnen und den Teig darübergießen. Bei mittlerer Hitze ca. 45 Minuten im Rohr backen.
Für 6 Portionen

Hafer-Taler

3 1/2 T	*Haferflocken*
2 1/2 T	*fein gesiebtes Weizenvollmehl*
1/2 T	*Rosinen*
1 T	*feingemahlene Mandeln*
3/4 T	*Öl*
1 1/2 T	*Honig*
3/4 T	*Milch*
3/4 Tl	*Muskatnuß*
1 1/2 Tl	*Zimt*
1 El	*Backpulver*
1 Prise	*Salz*

Flüssige und feste Bestandteile getrennt vermischen und dann zusammenfügen. Zu dieser Masse die geriebenen Nüsse geben. Auf einem befetteten Blech mittels Gabel und Löffel Plätzchen von ca. 10 cm Durchmesser und einer Dicke von 1 - 1,5 cm formen. 15 - 20 Minuten bei mittlerer Hitze im Rohr backen.
Für ca. 20 Hafer-Taler

Butterglasur

450 g Butter (Zimmertemperatur)
1 T Honig
1/4 T Milch
1 Tl Vanille
2 1/2 T Milchpulver

Butter mit Handmixer schaumig schlagen und die übrigen Zutaten nacheinander dazugeben, wobei jedesmal gut geschlagen werden muß. Erkalten lassen, bevor man damit einen Kuchen, der ebenfalls ausgekühlt sein muß, glasiert. **Ergibt 5 Tassen**

Karob-Glasur

1/4 T Wasser
1/2 T Öl
1 T Honig
1 T Karob-(Johannisbrot-) Pulver
2 T Milchpulver

Wasser, Milch und Honig vermischen. Die weiteren Zutaten nacheinander dazugeben und jedesmal gut rühren, die Masse muß dickflüssig sein.
Ergibt 6 Tassen.

Schokoladeglasur

2 El Wasser
1/4 T Öl
1/4 T Honig
1/2 T Kakao
1 T Milchpulver
1/2 Tl Vanille

Die flüssigen Bestandteile mischen und die festen Zutaten nacheinander dazugeben und jedesmal gut rühren. Einen Augenblick ruhen lassen, damit die Masse fester wird; wenn nötig Milchpulver dazugeben.
Ergibt 3 Tassen

Apfelkuchen

250 g Quark (Topfen)
250 g Butter
250 g Weizenvollmehl
1000 g Äpfel
2 El Zucker
2 Tl Zimt
2 El Rosinen

Aus Quark (Topfen), Butter und Mehl rasch einen Teig kneten und ca. 30 Minuten im Kühlschrank ruhen lassen. Die Äpfel mit der Schale in sehr feine Spältchen schneiden. Zwei Drittel des Teiges messerrückendick ausrollen und auf ein gut gefettetes Backblech legen; mit den Apfelspalten bedecken, mit Zucker, Zimt und Rosinen bestreuen. Aus dem restlichen Teig ein Gitter machen und über den Kuchen legen. Bei guter Hitze im Rohr ca. 20 Minuten backen.

Topfen-Nocken

1000 g Quark (Topfen)
240 g Vollweizengrieß
60 g Vollweizenmehl
2 Tl Zucker
1 Prise Salz
2 El Sauerrahm
1 Zitrone
2 El Vanillezucker
100 g Butter
3- 4 El Vollkornbrösel

Topfen mit Grieß, Mehl, Rahm, Zucker und Gewürzen zu einem Teig verarbeiten und zugedeckt ca. 30 Minuten ruhen lassen. Reichlich Wasser zum Kochen bringen, salzen und eine Nocke zur Probe einlegen. (Die Nocken mit einem El, den man immer wieder von neuem anfeuchtet, ausstechen.) Dann die restlichen Nocken einlegen und ca. 10 Minuten köcheln lassen.

Butter zergehen lassen und die Brösel darin leicht anrösten, darin die gekochten und abgetropften Nocken wenden und mit Zimt und Zucker bestreut servieren.
Für ca. 6 Personen

Florentiner
100 g Haselnüsse, gehackt
50 g Orangeat, gehackt
50 g Zitronat, gehackt
100 g Zucker
2 El Honig
1 El Vanillezucker
50 g Mehl
1 Tl Zimt
1/8 l süße Sahne, erhitzt
50 g Butter
200 g Schokoladeglasur (siehe Rezept)

Rohr vorheizen. Haselnüsse, Orangeat, Zitronat, Zucker, Honig, Vanillezucker, Mehl und Zimt vermischen. Sahne erhitzen und darin die Butter zerlassen; unter die Masse rühren. Zwei Backbleche mit gut gefettetem Backpapier bedecken und Portionen von ca. 2 Tl der Masse weit auseinander auf das Papier setzen, etwas flach drücken. Werden sich beim Backen stark ausdehnen. 10 Minuten backen, dann vom Papier lösen und mit der glatten Seite nach oben auflegen. Die Schokoladeglasur wenn nötig im Wasserbad neu zergehen lassen und mit einem Pinsel eine dünne Schicht Schokolade auf die etwas abgekühlten Florentiner streichen. Die restliche Schokolade warm halten und über die erkalteten Florentiner gießen. Vor dem Servieren vollständig erkalten lassen.
Für ca. 20 Stück

Erdnußbällchen mit Honig
1/2 T Honig
1/2 T Erdnußbutter
1/2 T zerhackte Erdnüsse
1/4 T Milchpulver
1/2 Tl geriebene Zitronenschale
1 Tl Johannisbrotpulver (auf Wunsch)

Alle Zutaten vermischen, Bällchen formen. Wenn Du willst, kannst Du sie in Johannisbrotpulver rollen. Servieren.

Geburtstagskuchen
1/2 T zerlassene Butter
2 1/2 T Milch (oder Sojamilch)
3/4 T Honig
1 1/2 Tl Vanilleextrakt
4 Tl Backpulver
1/2 El Salz

Backofen auf 180 °C vorheizen.
Butter, Milch, Honig und Vanille zusammenmischen. Mehl, Backpulver und Salz sieben und unter die anderen Zutaten mengen. Solange mit einem Rührgerät oder Schneebesen schlagen, bis ein weicher, glatter Teig entstanden ist. 20 - 35 Min. backen.

Tahini Plätzchen
6 El Tahini
1/4 Tl Salz
3/4 T Honig
1/2 T Sonnenblumenkerne
1 1/2 T Hafermehl

Backofen auf 180 °C vorheizen.
Tahini, Salz und Honig vermischen. Sonnenblumenkerne und Hafermehl dazugeben, gut umrühren. Teelöffelweise auf ein gefettes Backblech geben, mit dem Löffelrücken flachdrücken. Ca. 10 Min. backen

Kheer (indischer Reispudding)

1/4 l	*Milch*
1/4 T	*Reis*
2 El	*Mandel*
3 El	*Rosinen*
1 Prise	*Safran*
1 Tl	*Kardamom*
	Honig zum Abschmecken

Milch zum Kochen bringen, anschließend 15 - 20 Min. unter ständigem Rühren köcheln lassen (je länger die Milch gekocht wird, desto süßer wird sie). Reis sowie die restlichen Zutaten - außer dem Honig - hinzufügen. Kochen bis der Reis weich und der Großteil der Flüssigkeit absorbiert ist. Mit Honig abschmecken. Kann heiß oder kalt serviert werden. **Für 4 Personen**

Bananencremekuchen

8	*sehr reife Bananen*
2 El	*Milch*
1/4 Tl	*Kardamom*

Zerdrückte Bananen mit den restlichen Zutaten vermengen. In eine Obstbodenform bringen und 30 Min. bei 180 °C backen. Abkühlen lassen und mit geschlagener Sahne bestreichen.

Variante:

Um eine etwas kalorienfreundlichere Torte zu haben, kann man die geschlagene Sahne durch Joghurt ersetzen. **Für 8 Personen**

Halwa (indische Süßspeise)

1/2 T	*Butter*
1 T	*Weizengrieß*
2 T	*Milch*
1/2 T	*Honig*
1/4 T	*Rosinen*
1/2 Tl	*Kardamom*

Butter schmelzen lassen, Weizengrieß und Rosinen dazugeben, goldbraun dünsten. Milch und Honig dazugeben; kräftig umrühren, bis die Mischung fest ist (darauf achten, daß nichts anbrennt). Gleichmäßig in einer gefetteten Form verteilen, abkühlen und in Vierecke schneiden.

In Indien wird diese Süßspeise oft warm zum Frühstück serviert. **Für 6 Personen**

Burfi

250 g	*Butter*
1 T	*Honig*
1/4 Tl	*Kardamom*
1/4 T	*Milch*
1/2	*Nüsse (Mandeln, Walnüsse oder Pistazien)*
3 1/2 T	*Milchpulver*
	etwas Safran (auf Wunsch)

Butter, Honig, Kardamom und Milch bei kleiner Flamme erhitzen. Nüsse hinzugeben, vom Herd nehmen. Langsam das Milchpulver hineingeben, umrühren bis es sich vollständig aufgelöst hat. Nachdem die Mischung fest geworden ist, in den Kühlschrank stellen, bei Raumtemperatur servieren. **Für 8 Personen**

Ingwerbrot

3/4 T	*Honig*
3/4 T	*Öl*
1 T	*Melasse*
4 T	*fein gesiebtes Vollkornmehl*
1 2/3 T	*Sauermilch oder*
1 T	*Milch mit 1 El Zitronensaft*
1 1/2 Tl	*Nelkenpulver*
2 Tl	*Speisesoda*
1 Tl	*Ingwer*
1 1/2 Tl	*Zimt*
	Salz

Die flüssigen und die festen Zutaten getrennt vermischen und dann zusammenfügen. In eine gefettete Form von etwa 30 cm Durchmesser geben und bei guter Hitze ca. 40 Min. backen.

Ca. 30 cm Durchmesser

Einfaches Türkisches Halvah

1 T	*Sesamsamen*
1/2 T	*gehackte Mandeln*
1/4 T	*Honig*
1/4 Tl	*Mandel- oder Vanilleextrakt*

Sesamsamen und Mandeln im Mixer mahlen. Honig und Mandel- oder Vanilleextrakt beigeben, mischen. In kleine Bällchen formen, in den Kühlschrank stellen. Bei Raumtemperatur servieren.
Für 6 Personen

Schokoladenkuchen

3 T	*Vollkornmehl*
1 T	*Honig*
6 El	*dunkles Kakaopulver*
2 Tl	*Backpulver*
1/4 Tl	*Salz*
3/4 T	*Öl*
2 Tl	*Vanille*
2 T	*kaltes Wasser*

Die trockenen Zutaten in einer Schüssel vermischen. Die feuchten Zutaten in einer anderen Schüssel vermischen, anschließend zu den trockenen Zutaten hinzufügen, gut verrühren. In eine gut gefettete Kuchenform geben und bei 180 °C ca. 45 Minuten backen. Nur ca. 2/3 der Backform füllen, da der Kuchen aufgeht.
Der Kuchen kann mit getrockneten Kokosraspeln bestreut und mit Nüssen dekoriert werden. Man kann den Kuchen auch mit einem festen Joghurt, mit Honig gesüßt, servieren.

Orangensorbet

3 T	*Orangensaft*
1/2 T	*Honig*
1 T	*Milchpulver*
1 1/2 T	*Eiswürfel*

Alle Zutaten im Mixer vermischen und einfrieren. **Für 4 Personen**

Karottenkuchen

3 T	*Vollkornmehl*
1 T	*Öl*
1/2 T	*Karotten geraspelt*
1/2 T	*Honig*
2 Tl	*Backpulver*
2 El	*Joghurt (oder Orangensaft)*
je 1 Pr	*Zimt, Muskatnuß, Gewürznelke*
je 1/2 T	*Rosinen, Walnüsse oder Sesam*

Alles vermischen und in einer gefetteten Backform bei 180 °C ca. 1 Stunde backen.

Tortenguß

1 T	*Sonnenblumenkerne*
1/4 T	*Honig*
50-100g	*süße Butter (oder Öl mit 1 Tl Vanille)*

Sonnenblumenkerne bei mittlerer Hitze in der Butter rösten, ständig umrühren. In einigen Minuten werden die Sonnenblumenkerne braun. Von der Flamme nehmen, Honig unterrühren. Vorsichtig über den ungebackenen Kuchen geben und anschließend nach Rezept backen.

Mandelplätzchen

1 1/2 T	*Vollkornmehl*
1 Tl	*Salz*
1/2 Tl	*Backpulver*
6 El	*Öl*
1/2 Tl	*Mandelextrakt*
1/2 T	*Honig*
10	*blanchierte Mandeln*

Backofen auf 180 °C vorheizen. Die trockenen Zutaten zusammensieben. Honig, Öl und Mandelextrakt hinzufügen. Alles sanft vermischen (ggfs. etwas Wasser zufügen). In ca. 10 kleine Bällchen formen, mit der Hand flachpressen, auf ein gefettetes Backblech geben – auf jedes Plätzchen eine Mandel legen. Bei 180 °C ca. 10 Min. backen, bis die Plätzchen leicht braun sind.

Das folgende Kapitel ist als Anregung oder eine Hilfe gedacht, die verbreitete Scheu vor der „langwierigen Brotbackerei“ zu überwinden, und es einmal selbst zu versuchen. Auf „Versuchen“ und „Ausprobieren“ liegt die Betonung, denn man sollte sich keinesfalls entmutigen lassen, wenn die ersten Experimente nicht ganz so gelingen, wie man sich das vorgestellt hatte. Beim Brotbacken gilt das gleiche Prinzip wie für das Erlernen schwieriger Asanas (Yoga-Stellungen): üben, üben, üben!

❶ Am Abend (nicht vergessen!) den sogenannten „Zwölfstundenteig“ ansetzen, das heißt ca. ein Drittel des Getreides mahlen, das Du verwenden möchtest, in ein relativ großes Gefäß (Weitling). Roggen und Weizen eignen sich am besten; ob man Mischbrot oder nur Weizen- oder Roggenbrot machen möchte, kommt ganz auf den persönlichen Geschmack an. Zu diesem Vollkornmehl Sauerteig hinzugeben (aus dem Naturkostladen oder vom Bäcker, und beim zweitenmal Backen schon aus „eigener Erzeugung“), einen Schuß Butter- oder Sauermilch oder ca. 1 - 2 El Joghurt, einen Schuß Vollmilch und soviel Wasser, daß eine ziemlich feuchte, nicht zu feste Masse entsteht.
(Man kann für diesen Ansatz auch noch ein Päckchen frische oder Trocken-Hefe dazugeben, das macht das Brot lockerer, verändert aber auch den Geschmack. Ausprobieren.)

❷ Am nächsten Morgen von diesem Ansatz 2-4 El wegnehmen; das ist der nächste Sauerteig, er kann im Kühlschrank mindestens eine Woche aufbewahrt werden. (nicht vergessen!) Jetzt wird das restliche Getreide dazugemahlen und nach Belieben gewürzt: geschmacklich eignen sich besonders Fenchel, Anis, Koriander, Kümmel, Sesam, Nüsse, Sonnenblumenkerne, Leinsamen. (Experimentiere mit verschiedenen Gewürzen, denke eventuell auch an den passenden Brotaufstrich. So schmeckt das Brot immer wieder neu.) Den Teig salzen. Soviel Wasser einarbeiten, daß eine griffeste Masse entsteht, die sich formen läßt. Dieser Teig ruht nun mindestens eine Stunde.

❸ Nun wird dem Brot die gewünschte Form gegeben, und dabei der Teig auch ein wenig durchgeknetet. Immer wieder Mehl dazugeben, Vollkornmehl ist sehr viel klebriger als Auszugsmehl; kleinere oder größere Laibe, Weckerl, Striezel usw. formen. Es ist günstig, die Oberfläche mit der Gabel einzustechen oder mit dem Messerrücken einzudrücken, damit Luft in den Teig gelangen kann; das macht ihn lockerer. Die Form(en) auf ein befettetes Backblech legen. Wichtig: das Brot so lange ruhen lassen, bis die Oberfläche Risse bekommt, auch wenn es Stunden (normalerweise zwischen 2 - 4, je nach Außentemperatur) dauert.

❹ Jetzt das Brot ins kalte Rohr geben und bei etwas höherer Anfangshitze ca. 20 - 30 Minuten backen, dann die Hitze reduzieren und ein bis zwei Stunden weiterbacken. Die Backzeit hängt von der Größe der Laibe oder sonstigen Formen ab (zur Sicherheit Gabelprobe machen). Ein feuerfestes Gefäß mit Wasser gefüllt während der ganzen Zeit im Rohr lassen.
Nach der nötigen Backzeit das Rohr abdrehen und wenn möglich das Brot bis zum völligen Erkalten drinnen stehen lassen.
Das Ergebnis lohnt die Mühe, vielleicht nicht gleich beim ersten Mal, aber nach einiger Zeit wird für dich sicherlich Brotbacken ebenso zur lieben Gewohnheit, wie es das für mich geworden ist. (Im Übrigen geht es auch wirklich „so nebenbei“, nur in der Erklärung klingt es etwas kompliziert.)

Viel Erfolg, und verliere nicht den Mut!

Selbstgemachter Joghurt ist billiger und schmeckt ebenso gut wie gekaufter. Weil selbst hergestellter Joghurt frischer ist, sind die Kulturen kräftiger und die Enzymaktivität wesentlich größer, man kann das Aroma und die Säure kontrollieren und somit einen Joghurt ganz nach persönlichem Geschmack zubereiten.

Wenn Du für die Erstzubereitung einen gekauften Joghurt nimmt, achte darauf, daß es sich um aktive Kulturen handelt.
Wenn auf dem Etikett etwas von Stabilisato ren oder pasteurisiert steht, läßt sich aus dem Inhalt kein Joghurt herstellen.
Das Beste ist, wenn auf dem Etikett vermerkt ist, daß es sich um „aktive Kulturen" handelt.
Selbstverständlich muß der Joghurt frisch sein. Wenn man sich erst einmal selbst Joghurt hergestellt hat, hat man seine eigenen Kulturen und die Herstellung geht von mal zu mal schneller.

Die Milch muß dafür abgekocht und wieder auf 50 °C abgekühlt werden. Dann rührt man ca. 100 bis 150 g Naturjoghurt mit einem Schneebesen darunter und hält die Mischung zugedeckt für 3 1/2 bis 8 Stunden an einem warmen Platz (Jedoch nicht über 50 °C).
Je lebendiger die Kulturen und je wärmer der Platz ist, umso schneller wird der Joghurt fest. Von Zeit zu Zeit nachsehen. Sobald die Oberfläche des Joghurts einem leichten Fingerdruck widersteht, ist er fertig. Wenn man einen säuerlicheren Geschmack wünscht, den Joghurt noch eine Stunde länger stehen lassen.
Den Joghurt anschließend kühl stellen. Vor Verzehr etwas Joghurt für die nächste Herstellung beiseite legen.

Menüs

Menüs aus aller Welt

„... bloß ein einziges Korn indischen Gewürzes,
ein paar Stäubchen Pfeffer, eine getrocknete Muskatblüte, eine
Messerspitze Ingwer oder Zimt dem gröbsten Gerichte zugemischt,
und schon spürt der geschmeichelte Gaumen
fremden und erregenden Reiz."

Stefan Zweig

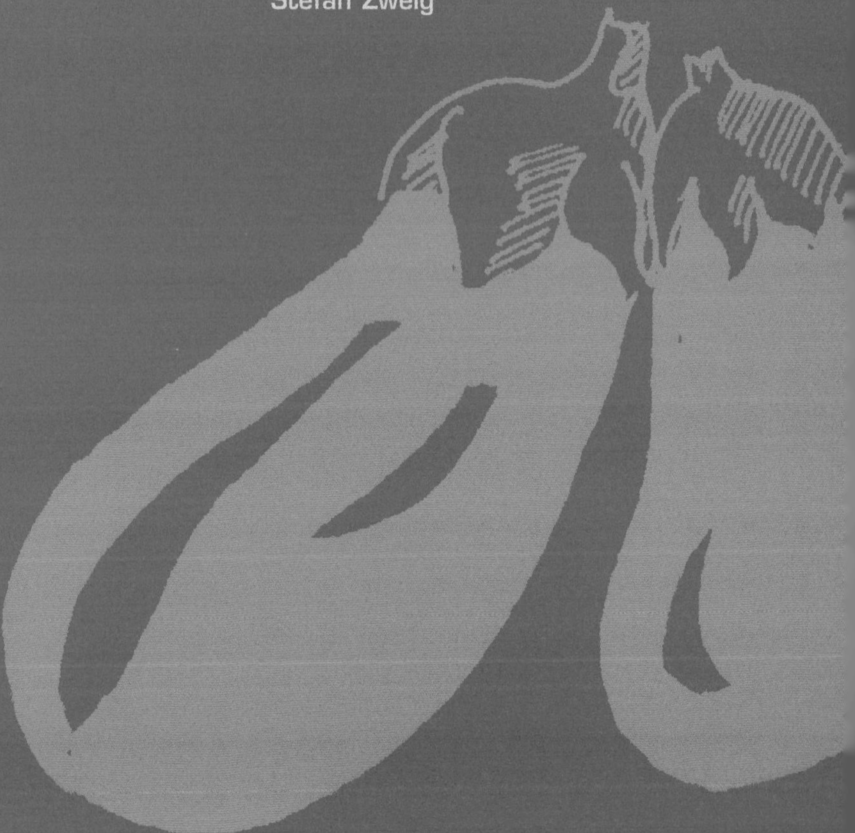

- **Vegetarische Pastete**
- **Sesam Dressing**
- **Johannisbrot-Honigkuchen**
- **Vollweizen-Pfannkuchen**
- **Rühr-Tofu**
- **Rosinensauce**
- **Fruchtsalat**
- **Vollkorngetreide**
- **Gemüsesalat**
- **Salatdressings**

Vegetarische Pastete

1 T	*Sonnenblumenkerne*
1/2 T	*Mehl*
1/2 T	*Hefe*
2 El	*Zitronensaft*
2 El	*Butter oder Öl*
2	*mittelgroße Karotten*
1	*Kartoffel*
1	*Selleriestange*
1 1/2 Tl	*Thymian & Basilikum*
1/2 Tl	*Salbei*
1 Tl	*Salz*
1 T	*warmes Wasser*

Das Gemüse und die Kartoffel raffeln und mit den übrigen Zutaten vermischen. In eine gebutterte Brotform füllen und im Backofen bei 200 °C eine Stunde backen.

Gemischter Gemüsesalat

1/2	*Kopfsalat*
1 Bd	*zerkleinerte Spinatblätter*
2	*große gewürfelte Tomaten*
2	*geriebene Karotten*
	Alfalfa-Sprossen zum Garnieren

Auf Wunsch: jedes andere Gemüse, z.B. rote Beete, Blumenkohl, Sellerie, Salatgurke ... Gemüse putzen und zerkleinern. In einer großen Salatschüssel anmachen und mit Alfalfa-Sprossen garnieren.

Sesam-Dressing

1/2 T	*Öl*
1/4 T	*geröstete Sesamkerne*
2 El	*Zitronensaft*
1/2 Tl	*Salz*

Auf Wunsch: 1 Tasse zerhackte Petersilie
Variation: Tofu-Sesamdressing - mixe 1 Stück Tofu hinzu:
Dieses Dressing schmeckt mit oder ohne Petersilie sehr gut. Alle Zutaten im Mixer verrühren und anschließend kühl stellen.
Ergibt ca. 1/2 bis 3/4 Tassen

Johannisbrot- Honigkuchen

4 El	*Öl oder weiche Butter*
6 El	*Johannisbrot*
1-1 1/2 T	*Weizenmehl*
1 Tl	*Vanille*
1 T	*Milch oder Wasser*
1 Tl	*Salz*
1/2 Tl	*Backpulver*
1/2 Tl	*Vollweizengrieß*

Butter und Honig zusammen schaumig schlagen. Vanille hinzufügen. Die trockenen Zutaten gut vermischen und zusammen mit der Milch unter die Honig-Butter-Masse rühren. Nach jeder Zugabe schaumig rühren (je mehr schaumig geschlagen wird, umso leichter wird der Kuchen). In eine gut gefettete und mit Mehl bestäubte Kastenform einfüllen und bei 180 °C ca. 20 Minuten (oder etwas länger) backen.

Rühr-Tofu

250 g	*Tofu püriert*
250 g	*Tofu, geraspelt*
1/4 Tl	*Kurkuma*
1 Tl	*Senfkörner*
	Salz und Pfeffer
2-4 El	*Öl*

Das Öl im Wok erhitzen. Die Senfkörner hinzugeben. Sofort bedecken bis das Knallen der Körner abgeklungen ist. Die Hitze etwas reduzieren. Die anderen Gewürze hinzufügen und leicht anbraten. Den Tofu hinzufügen und gut umrühren. Einige Minuten durchkochen bis alles erhitzt ist. Warm servieren.

Rosinensauce

Rosinen
Wasser
Vanille
Zimt

Rosinen in einem Kochtopf vollständig mit Wasser bedecken. Zum Kochen bringen und anschließend 20 Minuten sieden lassen. Die Zutaten in einem Mixer verrühren, etwas Vanille und Zimt hinzufügen.

Vollweizen-Pfannkuchen

1 T	*helles Vollweizenmehl*
1/2 T	*dunkles Vollweizenmehl*
2/3 T	*Sojamehl*
1 El	*Backpulver*
1 Tl	*Salz*
2 T	*Milch oder*
1 1/2 T	*Wasser mit 1 Banane gemixt*
1/2 T	*Öl*

Die trockenen Zutaten sieben. Die flüssigen Zutaten mit einem Schneebesen mixen. Mit dem Schneebesen alle Zutaten zügig zusammenrühren. Zuviel rühren macht die Pfannkuchen hart. Eine leicht gefettete Bratpfanne erhitzen. Die Pfannkuchen bei mittlerer Hitze backen, bis die Oberseite voll mit Blasen ist. Umdrehen, anschließend nicht mehr zurückdrehen, dadurch werden die Pfannkuchen hart.

Ergibt 12 Pfannkuchen

Fruchtsalat

4	*Bananen*
2	*Äpfel*
2	*Orangen*
	andere Früchte der Saison
2 EL	*Rosinen*
	Saft einer Zitrone
	etwas Honig
1 Tl	*Vanille*
1 Tl	*Zimt*

Auf Wunsch: getrocknete, zerkleinerte Kokosnuß, zerhackte Nüsse (Mandeln, Walnüsse, Pekannüsse etc.), Sonnenblumenkerne ... Bananen in Scheiben schneiden, Äpfel und Orangen würfeln. Alle Zutaten in einer Schüssel vermischen. Vor dem Servieren etwas ziehen lassen, damit sich der Geschmack besser entfalten kann. Evtl. mit Erdbeeren oder anderen Beeren dekorieren.

Vollkorngetreide

Der Brei kann aus verschiedenen Vollkorngetreiden zubereitet werden, entweder einzeln oder gemischt.

Möglichkeiten:

- *Hirse*
- *gemahlener Weizen*
- *brauner Reis*
- *Hafer*
- *gemahlene Gerste*
- *Haferflocken*
- *grobes Maismehl*

Vollweizengrieß
Kauffertige Mischung aus neun verschiedenen Körnern (im Reform- oder Naturkostladen erhältlich)
Für Vollkorngetreide, werden üblicherweise 3 bis 4 Tassen Wasser und 1 Tasse Getreide zusammengefügt, um 4 Tassen Brei zu erhalten. Beim geflockten Getreide orientiert man sich am besten an der Packungsangabe oder man startet mit 2 Tassen Wasser und 1 Tasse Getreide. Eine Prise Salz kann - wenn gewünscht - hinzugefügt werden.
Fein gemahlenes Getreide brennt leichter an als ganzes Getreide. Die Kochzeit (ca. 20 - 30 Minuten) reduziert sich, je feiner das Getreide ist.
Der Brei kann mit Ahornsirup oder Honig gesüßt werden.

Gemüsesalat
- *Kopfsalat*
- *weitere Sorten grüner Salat*
- *zerkleinerter Kohl*
- *geriebene Karotten*
- *roher Blumenkohl, in Röschen zerkleinert*
- *Sprossen*
- *Tomaten, in Scheiben oder Stücken*
- *Salatgurke, in Scheiben oder gewürfelt*
- *geriebene rote Beete*
- *anderes Gemüse*

Leichtes und einfaches Dressing
Olivenöl, Sojasauce, Zitronensaft (kann auch durch Orangensaft ersetzt werden)

Sonnenblumenkern-Dressing

1T	*Sonnenblumenkerne, roh oder geröstet*
1/2 T	*Tamari*
1/2 T	*Zitronensaft*
1/2 T	*Öl*
	Wasser, um die gewünschte Konsistenz zu erhalten

Alles im Mixer vermischen. Wenn die Sauce zu dick ist, Wasser hinzufügen, wenn die Sauce zu dünn ist, mehr Sonnenblumenkerne hinzufügen. Je nach Geschmackswunsch können diverse Kräuter und Gewürze hinzugefügt werden.

Mögliche Kombinationen:
Hinzufügen:
2 frische Tomaten
oder 2-4 El Tomatenpaste
Oregano
Petersilie
Basilikum
Paprika
Honig
Senfpulver

Kräuter-Dressing
Dill, Petersilie
oder Petersilie, Thymian, Basilikum etc.

Tofu-Dressing

1/2 T	*Öl*
1/4 T	*Tamari*
1/2 T	*Zitronensaft*
500 g	*Tofu*

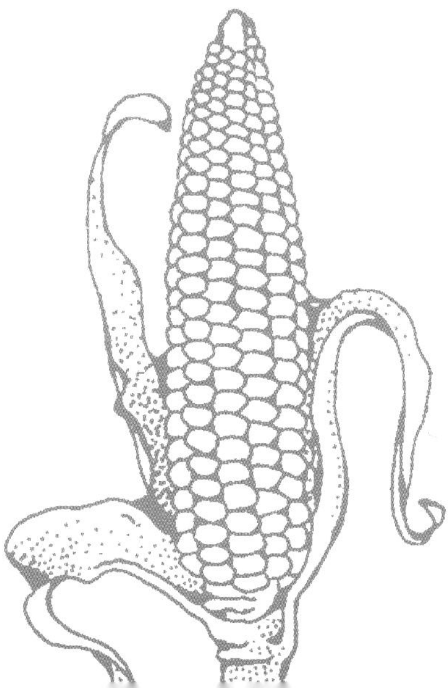

- **Süßsaurer Gurkensalat**
- **Gut gewürzter Sprossensalat**
- **Gebratenes Gemüse**
- **Gebratener Tofu in Sojasauce**
- **Süßsaurer Tofu**
- **Süßsauer gebratener Reis**
- **Bananen-Beignets**

Süßsaurer Gurkensalat

3	*große Gurken (geschält und in dünne Scheiben geschnitten)*
1 El	*geriebener Ingwer*
1	*frische, rote Pepperoni, entkernt und dünn geschnitten*

Dressing

2 El	*Zitronensaft*
2 El	*Pflanzenöl*
1/2 Tl	*Salz*
2 El	*Honig*

Gurkenscheiben in eine flache Schüssel legen, Ingwer und Pepperoni darüber streuen. Alle Zutaten für das Dressing vermischen, über die Gurken schütten und eine Stunden oder über Nacht kühlstellen, damit sich der Geschmack entfalten kann.

Gut gewürzter Sprossensalat

4 T	*Bohnensprossen*
6 T	*Wasser*
2 El	*Sesamkörner*
3 El	*Zitronensaft*
1 1/2 El	*Honig*
2 El	*Sesamöl*
1/2 Tl	*Chili*

Wasser zum Kochen bringen, salzen. Wasser von der Kochstelle nehmen, Bohnensprossen hineinschütten und eine Minute umrühren. Die Sprossen anschließend unter kaltem Wasser abspülen und gut abtropfen lassen.
Alle Zutaten für die Sauce zusammenmischen, nach Geschmack mild oder scharf würzen.
Die Sprossen unter die Sauce mischen und mit Sesamkörnern bestreuen.

Gebratener Reis

2 T	*brauner Reis*
1 Pckg	*Tofu*
1/4 T	*Sojasauce*
1/4 T	*Zitronensaft*
1 El	*Öl (vorzugsweise Erdnußöl)*
1 El	*geraspelter Ingwer*
1	*gewürfelte Karotte*
1	*gewürfelter Stangensellerie*
1 T	*Bohnensprossen*
1/2 T	*kleingehackte, geröstete Cashewkerne*

Gewaschenen Reis mit 4 Tassen Wasser und 1/2 Tl Salz zum Kochen bringen, Abdecken und bei reduzierter Hitze ca. 45 Minuten sieden lassen, bis das Wasser verdampft und der Reis weich ist. Inzwischen den Tofu in dem Gemisch aus Sojasauce, Zitronensaft und Ingwer marinieren. Gemüse kleinschneiden. Öl in einem Wok oder einer Bratpfanne erhitzen. Ingwer einige Sekunden anbraten, Gemüse hinzugeben und ca. 5 Minuten braten. Reis, Tofu und Cashewkerne hinzugeben, umrühren. Einen Schuß Sesamöl und evtl. noch mehr Sojasauce hinzugeben.

Süßsaurer Tofu

I.

6 Stck	*Tofu*
2 El	*Butter oder Sesamöl*

II.

3	*grüne Pfefferschoten, entkernt*
1	*Stangensellerie, in längl. Stücke*
2	*kleine Karotten, in kleine Stücke 8 Min. kochen lassen, Wasser aufbewahren*
1/2 T	*Bambussprossen*
1/2 T	*zerkleinerte Ananas*
5 El	*Öl*
1/2 T	*Erbsen*

III.

3 El	*Honig*
4 El	*Tamari*
2 El	*Zitronensaft*
4 El	*Tomatenmark*
1 Tl	*Hoy Sin Sauce (Asiashop)*

IV.

4 El	*Stärkemehl vermischt mit 1/2 T Wasser (von den Karotten)*

I. Tofu in Würfel schneiden und gut anbraten, beiseite stellen.
II. Wok erhitzen, 3 El Öl und die Zutaten unter II. dazugeben und 5-10 Min. anbraten (abhängig von der Gemüsemenge und Größe des Woks). Umrühren.
III. Während die Zutaten unter II. kochen, die Zutaten III. in einer Schüssel mit einem Schneebesen umrühren. Zu den Zutaten II. in den Wok geben, umrühren, weiter kochen lassen.
IV. Wenn die Sauce im Wok zu kochen anfängt, die Mischung unter IV. dazugeben, ca. 2 Min. kräftig umrühren, bis die gewünschte Konsistenz erreicht ist.
V. Gebratenen Tofu dazugeben, gut vermischen und heiß servieren.

Gebratenes Gemüse

1 El	*Öl (vorzugsweise Erdnußöl)*
1 El	*geraspelter Ingwer*
1/4 T	*Bambussprossen*
1/4 T	*Sellerie, in Scheiben geschnitten*
1/2 T	*grob zerkleinerter Bok Choy*
1/2 T	*Snow Erbsen*
1/4 T	*Wasser oder Gemüsebrühe*
1/4 Tl	*Maisstärke*
1 Tl	*Miso*
1/2 Tl	*Sojasauce*

Gemüse vorbereiten. Öl in einem Wok oder Bratpfanne erhitzen, Ingwer und Gemüse hinzufügen und 1 Minuten anbraten. Wasser hinzufügen, abdecken und zum Kochen bringen. Maisstärke in Miso und Sojasauce auflösen (ein wenig der heißen Flüssigkeit aus dem Wok hinzugeben um den Miso milder zu machen).
Flüssigkeit in den Wok geben. Kochen und umrühren bis sich die Brühe verdickt hat.

Gebratener Tofu mit Sojasauce

500 g	*Tofu*
2 El	*Öl*
1/2 T	*Sojasauce*

Tofu in 1/2 cm große Würfel schneiden. Öl in einer Pfanne erhitzen. Tofustücke in das heiße Öl legen und auf beiden Seiten goldbraun braten. Nach Geschmack ohne oder mit süßsaurer Sauce (s.u.) servieren.

Süßsaure Sauce

3/4 T	*Tomatenbrei*
1 T	*ungesüßter Ananassaft*
1/2 Tl	*Salz*
2 Tl	*Zitronensaft*
1 Tl	*Ingwer*
1/2 Tl	*Senfpulver*

Alle Zutaten vermischen, zum Kochen bringen und bei reduzierter Hitze ca. 10 Minuten sieden lassen, gelegentlich umrühren.

Bananen-Beignets

5	*reife Bananen (ca. 1000 g)*
1 1/2 T	*Reismehl*
1 El	*Honig*
1/2 Tl	*Salz*
1/2 T	*Erdnuß oder Maisöl*

Die Bananen zerdrücken und mit Reismehl, Honig und Salz vermischen. Öl in einem Wok oder einer Pfanne erhitzen. Jeweils einen gut gehäuften Eßlöffel der Bananenmischung in die Pfanne geben und auf beiden Seiten ca. 2 Minuten braten, bis die Beignets goldbraun sind. Auf einer Papierserviette abtropfen lassen und warm oder bei Zimmertemperatur servieren. **Ca. 20 Beignets**

Indonesisches Menü: Reistafel

- Kroepoek - Crackers
- Nasi Kuning - gelber Vollkornreis
- Gado-Gado - Gemüse mit Erdnußsauce
- Orak-Arik - verrührter Kohl
- Terong Belado - Auberginen in Sauce
- Tomaat ketjap - Sojasprossensalat
- Asinan - süßsaurer Gurkensalat
- Godok-Godok - pürierte Bananen

Nasi Kuning (Gelber Reis)

1 T	*brauner Vollkornreis*
1 3/4 T	*Wasser oder Kokosnußmilch*
1 Tl	*Zitronengras*
2	*Lorbeerblätter*
1/4 Tl	*Kurkuma*

Den Reis mehrmals mit kaltem Wasser waschen, trocknen. Den Reis mit der Flüssigkeit und den Gewürzen vermischen und einer Pfanne erhitzen. Zugedeckt kochen lassen, bis alle Flüssigkeit verdunstet ist.
Als Beilage für 4 Personen

Gado-Gado (Gemüse mit Erdnußsauce)

3 El	*Pflanzenöl*
1/4 T	*gewürfelter Sellerie oder grüne Pfefferschote*
2 El	*frischer Ingwer, geraspelt*
1 T	*Erdnußbutter*
4 T	*kochendes Wasser*
2 EL	*getr., ungesüßte Kokosraspeln*
1/4 T	*Tamari oder Sojasauce*
1 Tl	*Honig*
	Saft 1 Zitrone
	Curry, Laos (Galangal Pulver), Kreuzkümmel, Cayennepfeffer

Öl in einem Wok erhitzen. Gewürfelten Sellerie (oder grüne Pfefferschote), Ingwer und die Gewürze hinzugeben und bei kleiner Hitze anbraten. Erdnußbutter hinzugeben, gut umrühren. Wenn sich Blasen bilden, heißes Wasser einrühren, bis die Mischung die Konsistenz einer dünnen Creme erhält. Zum Kochen bringen, anschließend die Hitze reduzieren und sieden lassen. Die restlichen Zutaten hinzugeben. Abschmecken und die Gewürze darübergeben. Solange weitersieden lassen, bis sich das Öl an der Oberfläche der Sauce absetzt.

Gemüse

1 T	*Bohnen, zerkleinert*
1 T	*Karotten, in Scheiben*
2 T	*Kohl, zerkleinert*
1 T	*frische Bohnensprossen*
1 T	*Kartoffeln, gekocht, in Scheiben*
1 T	*Gurken, in Scheiben geschnitten*

Die Bohnen und Karotten drei Minuten blanchieren, unter kaltes Wasser stellen, gut abtropfen lassen und beiseite stellen. Kohl und Bohnensprossen 2 Minuten blanchieren, gut abtropfen lassen, beiseite stellen.

Garnierung:

1 Pckg	*Tofu, gewürfelt, in Öl gebraten*
2	*reife Tomaten, in Scheiben*

Das Gemüse auf eine große runde Servierplatte legen: Kohl auf den Boden, anschließend Bohnen, Karotten, Kartoffeln, Salatgurke, zum Schluß die Bohnensprossen. Die Tofuwürfel über die Bohnensprossen streuen und die Tomatenscheiben außen herum legen. Warme Erdnußsauce über den Salat gießen.

Orak Arik (verrührter Kohl)

2 El	*Pflanzenöl*
1 El	*kleingeschnittener Sellerie*
1 Tl	*geriebener Ingwer*
1/2 Tl	*Salz*
1/2 Tl	*schwarzen Pfeffer*
1/2 Tl	*Kurkuma*
1/2	*Kohlkopf, fein zerkleinert*
250 g	*Tofu*
	einige Zweige frischen Koriander

Öl in einem Wok oder einer Bratpfanne erhitzen, Sellerie, Ingwer und die Gewürze hinzugeben und unter umrühren anbraten, bis der Sellerie weich ist. Kohl und anschließend den Tofu hinzugeben. Kochen, umrühren, bis der Kohl weich ist. Auf einer Servierplatte anrichten und mit frischem Koriander garnieren.

Oblok-Oblok (Tofu in Kokosmilch)

1 El	*Pflanzenöl*
250 g	*Tofu*
1	*Lorbeerblatt*
1	*grüne Pfefferschote, entkernt*
1 T	*Wasser*
1 T	*Kokosnußmilch*

Gewürzmischung

1/2 Tl	*Ingwer*
1/2 Tl	*Laos (Galangal Pulver)*
1 Tl	*Erdnußbutter*
1 Prise	*Cayenne Pfeffer*
1/2 Tl	*Misopaste*
1 Prise	*Zitronengras*
1 Tl	*Salz*
2 Tl	*Zitronensaft*

Alle Zutaten für die Gewürzmischung in einem Mörser oder Mixer vermischen, beiseite stellen. Öl in einer großen Pfanne erhitzen und die Gewürzmischung einige Minuten anbraten. Tofuwürfel, Lorbeerblatt, Pfefferstreifen und Wasser hinzugeben und bei mittlerer Hitze 10 Minuten kochen lassen. Kokosnußmilch dazugeben, etwas weiterkochen lassen, bis die Milch erwärmt ist. Vor dem Servieren mit Salz und Gewürzen abschmecken.

Kokosnußmilch-Herstellung

Kokosnußmilch wird nicht aus der Flüssigkeit im Inneren der Kokosnuß hergestellt. Man nimmt dazu eine frische Kokosnuß. Ein Loch in eines der „Augen" der Kokosnuß bohren und die Flüssigkeit raustropfen lassen. Die Nuß auf mehrere Schichten Zeitungspapier legen und mit einem Hammer die Schale der Nuß auseinanderbrechen. Mit einem scharfen Messer die braune Haut abschälen. Das Kokosnußfleisch in große Stücke brechen, anschließend von Hand oder in einem Mixer zerkleinern.

Das zerkleinerte Fleisch mit der gleichen Menge Wasser zum Kochen bringen, abkühlen lassen, bis die Masse handwarm ist, anschließend mit der Hand kneten bis die Flüssigkeit milchweiß ist, durch einen Filter gießen. Wenn für das Rezept Kokosnußcreme erforderlich ist, die Milch eine zeitlang stehen lassen, bis sich an der Oberfläche eine große Schicht abgesetzt hat, abschöpfen.

Wenn frische Kokosnüsse nicht zur Verfügung stehen, kann man auch ungesüßte, getrocknete Kokosnußraspeln verwenden. Für die Herstellung der Milch geht man nach dem gleichen Verfahren wie oben beschrieben vor, der Geschmack ist allerdings nicht ganz so gut.

Terong Balado (Gebackene Auberginen)

500 g	*Auberginen (geviertelt)*
2 El	*geriebener Ingwer*
2	*Tomaten, in Scheiben geschnitten*
1 Tl	*Salz*
2 Tl	*frischer oder getrockneter roter, scharfer Chili*
1/2 T	*Wasser*
2 El	*Erdnuß oder Maisöl*

Die Auberginen bei 200 °C für 25 Minuten backen. Ingwer, Tomaten, Salz, Honig, Wasser zu einem groben Brei vermischen. Diese Mischung für 10 Minuten in Öl anbraten, köcheln lassen, bis sich die Flüssigkeit etwas reduziert hat. Die Sauce über die Auberginen gießen und sofort servieren.

Tomaat Ketjap (Tomaten in Sojasauce)

4 T Bohnensprossen
4 gr Tomaten, in Stücke geschnitten
1 El kleingeschnittener grüner Pfeffer

Sauce:

1/4 T Sojasauce
1 Prise Cayennepfeffer
1/3 Tl Ingwer
1/4 Tl Laos
1 Prise Zitronengras
Saft 1 kleinen Zitrone

Salz und Honig zum abschmecken.
Die Bohnensprossen blanchieren. Auf einer großen Platte anrichten. Tomatenstücke auf die Bohnensprossen legen. Alle Zutaten für die Sauce zusammenmischen und über die Tomatenstücke gießen. Mit grünem Pfeffer garnieren.

Asinan (Süßsaurer Gurkensalat)

3 große Gurken (geschält und in dünne Scheiben geschnitten)
1 El geriebene Ingerwurzel
1 frische, rote Chilipfefferschote, entkernt und dünn geschnitten

Dressing:

1/4 T Zitronensaft
1/4 T Pflanzenöl
1/2 Tl Salz
2 Tl Honig

Gurkenscheiben in eine Schüssel geben, Ingwer und Chilipfeffer darübergeben. Alle Zutaten für das Dressing gut vermischen, mit Salz abschmecken. Dressing über die Gurken geben und für einige Stunden oder über Nacht kühlstellen, damit sich der Geschmack gut entwickeln kann.

Kroepoek

Gebratene Crackers "Kroepoek" genannt, werden traditionell zu jeder Reistafel angeboten. Normalerweise werden sie mit Shrimps hergestellt, als Ersatz dafür kann man Papadams, das sind Crackers, die aus Bohnenmehl hergestellt sind, verwenden. Papadams kann man in indischen Lebensmittelgeschäften kaufen. Herstellung: 2-5 cm Öl in einem Wok oder Pfanne erhitzen. Einige Crackers hineingeben, ungefähr auf jeder Seite ca. 5 Sekunden braten, vorsichtig aus der Pfanne nehmen und auf einer Küchenrolle trocknen lassen.

Godok Godok (pürierte Bananen)

5 reife Bananen (ca. 1 kg)
1 1/2 T Reismehl
1 El Honig
1/4 Tl Salz
1/2 T Erdnuß- oder Maisöl

Bananen zerdrücken und mit dem Reismehl, Honig und Salz zu einer dicken Brei vermischen. Öl in einem Wok oder Bratpfanne erhitzen. Einen gehäuften Eßlöffel der Bananenmischung in die Pfanne geben und auf jeder Seite 2 Minuten braten (bis die Beignets goldbraun sind). Auf einer Küchenrolle trocknen und warm oder bei Zimmertemperatur servieren. (Ergibt ca. 20 Beignets).

frittierte Bananen:

Bananen der Länge nach halbieren und in Butter braten, bis sie weich sind.

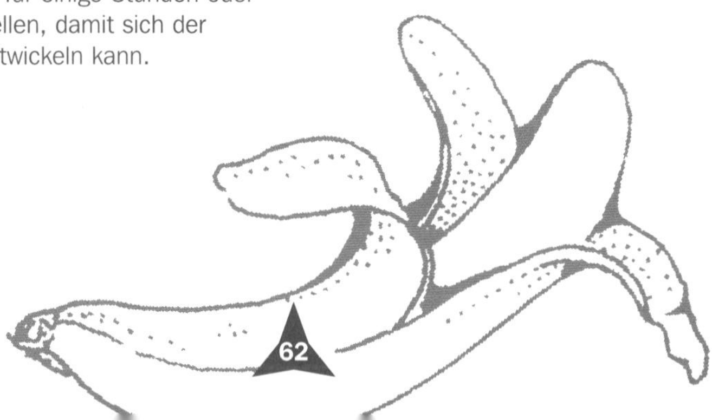

- Minestrone Suppe
- Tomatensauc
- Spaghetti mit Tofusauce
- Minestrone Suppe
- Lasagne
- Italienischer Salat
- Tofu-Dressing
- Avocado-Dressing
- Buttermilch-Rosinenkuchen
- Tomatensuppe

Minestrone Suppe

1/2 T	*getrocknete Kidneybohnen*
1/2 T	*getrocknete Kichererbsen (über Nacht einweichen und 1 1/2 - 2 Stunden kochen)*
1 T	*Nudeln*
4 El	*Olivenöl*
3	*Lorbeerblätter*
2 El	*gemischte Kräuter (Oregano, Basilikum etc.)*
2	*Stangensellerie*
2	*Kartoffeln*
2	*Karotten*
2	*Zucchini*
1	*Pfefferschote*
500 g	*Brokkoli*
8 T	*Wasser*
1 kg	*Dose pürierte Tomaten*
2 - 3 El	*Hefepulver*
1/4 T	*zerkleinerte Petersilie*

Olivenöl in einem Topf erhitzen, Lorbeerblätter, Sellerie und Kräuter hinzufügen. Braten bis der Sellerie weich ist. Gewürfelte Karotten und Kartoffeln dazugeben, 5 Minuten anbraten, dann das restliche, gewürfelte Gemüse hinzufügen, Hitze reduzieren und kochen lassen, bis das ganze Gemüse teilweise gekocht ist, gelegentlich umrühren. Wasser, Tomaten, Salz, Pfeffer und Hefepulver dazugeben. Abschmecken, zum Kochen bringen.

Bohnen und Nudeln dazugeben und bei kleiner Flamme köcheln lassen, bis das Gemüse und die Nudeln weich sind. Vor dem Servieren die Petersilie hinzufügen.

Grundrezept Tomatensauce

3 - 4	*Dosen geschälte Tomaten*
3	*kleine Dosen Tomatenmark*
5	*Lorbeerblätter*
1/2 Tl	*Cayennepfeffer*
je 2 Tl	*Oregano und Basilikum*
je 1 Tl	*Majoran, Thymian und Rosmarin*
1 El	*kleingeschnittene, frische Petersilie*
2 Tl	*Honig*
1-2	*grüne Pfefferschoten*
3-4	*Sellerie*
	Salz und Pfeffer
	einige El Olivenöl

Öl in einem Topf erhitzen und alle Zutaten - außer dem Gemüse- anbraten und anschließend zum Kochen bringen. Hitze reduzieren, sieden lassen, abdecken, einen Spalt freilassen, damit der Dampf entweichen kann. 45 Minuten kochen lassen (oder auch etwas länger, wenn du Zeit hast), bis ungefähr nur noch 3/4 der Masse vorhanden ist. In der Zwischenzeit das Gemüse in einem separaten Topf in Öl anbraten. Zu der Sauce geben. (Man kann auch noch andere Gemüsesorten hinzugeben, wie z.B. Zucchini, Karotten, etc.)

Anmerkung: Mit den oben aufgeführten Mengenangaben erhält man eine sehr große Menge Tomatensauce, die für zahlreiche Gerichte wie z.B. Lasagne, Spaghetti, Pizza etc. verwendet werden kann. Wer weniger Tomatensauce möchte, kann die Mengen einfach halbieren.

Spaghetti mit Tofu-Sauce

3 - 4 T	*Tomatensauce vom Grundrezept*
2 - 3	*Zucchinis, fein gewürfelt*
1 Pckg	*Tofu, in Würfel geschnitten*

In etwas Olivenöl anbraten, einige Minuten kochen lassen und zur Sauce geben. Spaghetti kochen, Sauce darüber geben und mit Parmesan bestreuen.

Lasagne

500 g	*Lasagnenudeln (Vollweizen, Spinat oder Soja)*
	einige El Olivenöl
1	*mittelgroße Aubergine*
2 Bd	*frischer oder 1 Paket gefrorener Spinat*
1 kl	*Dose schwarze Oliven*
1 Pckg	*Tofu*
	Saft von 1 - 2 Zitronen
1/2 Tl	*Basilikum*
500 g	*Mozzarella*
500 g	*Ricotta oder Hüttenkäse*
1 T	*geriebener Parmesan*
2 - 3	*Tomaten (geschnitten, zum Garnieren)*

Wasser in einem großen Topf zum Kochen bringen. Etwas Öl hinzugeben. Lasagnenudeln in das kochende Wasser geben und ca. 8 - 10 Minuten kochen, bis sie fest und hart, aber biegsam sind. Schnell unter kaltem Wasser abkühlen, damit die Nudeln nicht aneinander kleben bleiben. Auberginen in Öl bei mittlerer Hitze anbraten, etwas Wasser hinzugeben, abdecken und sieden lassen, bis die Auberginen weich sind. In der Zwischenzeit den Spinat waschen und zerkleinern, zu den Auberginen hinzugeben und ohne Deckel anbraten, bis der Spinat weich und die Flüssigkeit verdampft ist, vom Herd nehmen. Wasser aus dem Tofu pressen, zerstampfen und mit Zitronensaft, Basilikum, Ricottakäse und 1/2 Tasse Parmesankäse vermischen.

Fertigstellung: Eine dünne Schicht Sauce auf den Boden der Form geben, eine Schicht Nudeln daraufgeben und dann in dünnen Schichten die Käsemischung, Gemüsemischung, Mozzarella (die Hälfte des Mozzarellas für die oberste Schicht aufheben), Sauce, Nudeln in die Form schichten. Den Vorgang 3 -5 x wiederholen, mit einer Schicht Nudeln beenden, Sauce darüber geben und zum Schluß mit dem zurückbehaltenen Käse bestreuen. Mit Tomatenstücken garnieren. Bei 180-200 °C (hängt von der Größe der Auflaufform ab) 30 - 35 Minuten lang backen.

Italienischer Salat

Kopfsalat, Tomaten, Gurken, schwarze Oliven, grüne Pfefferschoten, etc. waschen und zerkleinern. In einer Schüssel anmachen.

Dressing:

1 T	*Olivenöl*
1/4 T	*Petersilie, kleingeschnitten*
1/2 Tl	*Honig*
je 1/4 Tl	*Basilikum, Oregano, Thymian, Dill, Senf*
Prise	*Selleriesamen*
	Salz und Pfeffer
	etwas Wasser

Tofu-Tomaten-Dressing

3 Pckg	*Tofu*
1/2 T	*Öl*
1/2 T	*Tamari oder Sojasauce*
2 Tl	*Basilikum*
2	*Tomaten, kleingeschnittenen*
	Saft einer Zitrone
	etwas Paprikapulver

Avocado-Dressing

2 - 3	*pürierte Avocados*
1/2 T	*Öl*
	Saft einer Zitrone
	Salz und Pfeffer
	Wasser zum Mischen

Fruchtsalat

4	*Bananen*
2	*Äpfel*
2	*Orangen*
	andere Früchte der Saison
2 EL	*Rosinen*
	Saft einer Zitrone
	etwas Honig
1 Tl	*Vanille*
1 Tl	*Zimt*
	wahlweise: getrocknete Kokosraspeln, zerkleinerte Nüsse, Sonnenblumenkerne

Bananen schälen und kleinschneiden, Äpfel (mit oder ohne Schalen) zerkleinern, Orangen schälen und kleinschneiden. Mit den anderen Zutaten in einer Schüssel vermischen. Durchziehen lassen, damit sich der Geschmack entfalten kann. Für die Optik mit farbintensivem Obst, z.B. Erdbeeren oder andere Beeren der Saison, garnieren.

Buttermilch- Rosinenkuchen

2 1/4 T	*Vollkornweizenmehl*
1/2 Tl	*Salz*
2 Tl	*Zimt*
2 Tl	*Backpulver*
1/2 T	*Rosinen*
3/4 T	*Honig*
1 T	*Buttermilch (evtl. einige Eßlöffel mehr)*

Die Rosinen mit den trockenen Zutaten vermischen. In einer anderen Schüssel Honig, Öl und Buttermilch zusammenschlagen. Mit den trockenen Zutaten zusammenrühren. In eine gefettete Backform gießen und bei 180 °C 30 - 35 Minuten lang backen.

Tomatensuppe

3 T	*Tomaten*
1	*grüne Paprika*
2	*Stangensellerie*
2 El	*Öl*
1	*geriebene Karotte*
3/4 El	*Oregano*
1 1/2 El	*Basilikum*
3 T	*heißes Wasser*
	Salz, Pfeffer

Das Gemüse bei mittelgroßer Hitze einige Minuten anbraten. Die Kräuter dazugeben und noch einen Augenblick lang mitkochen lassen. Die geschnittenen Tomaten, das Wasser, das Salz und den Pfeffer dazugeben und für ca. 10 Minuten zum kochen bringen.
Wenn eine dickere Suppe gewünscht wird, Mehl in einer Schüssel mit Suppe anfeuchten und gut duchrühren, dann in den Topf zurückgeben.
Wenn man eine Tomatencreme erhalten möchte, braucht man nur zusätzlich 3/4 Tassen Milchpulver in die Suppe einrühren, allerdings nicht weiterkochen lassen.
Um eine noch gehaltvollere Suppe zu bekommen, kann man gekochtes Getreide dazugeben.

- Tofu Tacos
- Sojabohnen Burritos
- Salsa
- Brokkoli & Käse Enchiladas
- Enchilada Sauce
- Avocado Salatdressing

Tofu Tacos

1 Pckg	*Tofu, in kl. Würfel geschnitten*
	Saft von 2 Zitronen
1	*grüne Pfefferschote, fein geschn.*
	frischer Koriander (nur die Blätter verwenden)
1/2 T	*Tomatenpüree*
	Salz und Pfeffer
12	*Tortillas*

Tofu für mindestens eine Stunde in allen anderen Zutaten marinieren. Wenn Du willst, kannst Du die Marinade über Nacht in den Kühlschrank stellen. Tofu unter Rühren in etwas Öl anbraten, Gewürze hinzugeben, zur Seite stellen. Die Tortillas dämpfen oder braten (je nach Geschmack) und die Tofumischung als Füllung verwenden. Man kann die Tacos auf traditionelle Art herstellen, in dem man den Tofu auf etwas Kopfsalat gibt, mit Salsa, Avocadostücken und Sonnenblumenkerne etc. garnieren. Tacos können mit verschiedenen Zutaten zubereitet werden und sind schnell fertig gestellt. Hervorragend geeignet für einen schnellen Imbiß.

Sojabohnen Burritos

1 T	*Sojabohnen*
4 T	*Wasser*
1/2 Tl	*Kreuzkümmel*
1/2 Tl	*Oregano*
1 Tl	*Petersilie*
1 El	*Olivenöl*
1 Pckg	*Vollweizenmehl Tortillas*

Die Sojabohnen über Nacht einweichen. Das Einweichwasser wird dazu verwendet, um die Bohnen darin zu kochen, es muß viermal so viel Wasser wie Bohnen vorhanden sein, ggf. noch etwas Wasser hinzugeben. Die Bohnen kochen bis sie knackig, nicht aber weich und zermatscht sind. Die Bohnen mit dem Olivenöl in einem Mixer pürieren. Anschließend Gewürze, Salz und Pfeffer hinzugeben. Zur Seite stellen. Das Tortillamehl dämpfen, anschließend am Besten in Folie wickeln und für ca. 15 Minuten in den Backofen zu stellen. Wenn die Tortillas gedämpft sind, in die entsprechende Burritoform bringen. Den Burritos kann man verschiedene Zutaten beifügen, traditionell werden die Sojabohnenmischung, zerkleinerter Kopfsalat, geschnittene Tomaten, geriebener Käse, Guacamole und Salsa verwendet.

Salsa

1 T	*Tomaten, feingeschnitten*
	frische Korianderblätter, fein geschnitten
	Jalapeno Pfeffer, fein geschnitten
	Salz, Pfeffer

Alle Zutaten in eine Schüssel geben, frischen Koriander und Jalapeno Pfeffer hinzugeben. Salsa kann sehr scharf oder aber auch etwas milder zubereitet werden, je nach Geschmack.

Brokkoli und Käse Enchiladas

1 Bd	*Brokkoli*
1 T	*geriebener scharfer Cheddarkäse*
1 kl	*Dose grüner Chili, gewürfelt*
12	*Tortillas*

Brokkoli dämpfen, einige Minuten abkühlen lassen und sehr klein schneiden. Käse reiben. Die Tortillas in heißem Öl braten, zehn Sekunden auf jeder Seite, auf Küchenrollenpapier abkühlen lassen. Die Tortillas mit etwas Brokkoli, Käse und grünem Chili füllen und aufrollen. Verkehrt herum in eine mit Sauce gefüllte Backform legen. Mit weiterer Sauce und geriebenem Käse bestreuen. Ca. 15 Minuten bei 180 °C im Backofen backen.

Enchilada Sauce

2	*große rote Pfefferschoten*
500 g	*Tomaten*
1/2 Tl	*Salz*
1/2 Tl	*gemahlener roter Pfeffer*
1/4 Tl	*Pfeffer*
1/4 Tl	*Kreuzkümmel*

Alles in einen Mixer geben, würzen.

Avocado Salat Dressing

1	*Avocado*
1/4 T	*Joghurt*
1/4 T	*Orangensaft*
1/8 T	*Zitronensaft*
1/4 Tl	*Kreuzkümmel*
	Salz, Pfeffer

Avocados zerstampfen, mit den anderen Zutaten vermischen. Ggf. etwas Wasser hinzugeben, um die gewünschte Konsistenz zu erhalten.

Menü aus dem Nahen Osten

- Gebratene Auberginen in Tomatensauce
- Tabooli
- Falafel
- Tahini Sauce
- Hummus
- Couscous und Garbanzo Gulasch
- Grüner Salat
- Halvah

gereicht mit::

- Oliven
- Pita-Brot

Gebratene Auberginen mit Tomaten-Sauce

1	*mittelgroße Aubergine*
4	*mittelgroße Zucchini*
1	*Stangensellerie*
2	*grüne Pfefferschoten*
6 El	*Olivenöl*
2 El	*frische Petersilie, kleingeschnitten*
2	*Tomaten*
2 kl.	*Dosen Tomatenmark*
1 Tl	*Salz*
1/4 Tl	*Pfeffer*

Die Aubergine waschen, Enden abschneiden, in Würfel schneiden, mit Salz bestreuen und 1/2 Stunde abtropfen lassen (der bittere Geschmack geht dabei verloren). Inzwischen die Zucchinis schneiden. Ingwer zerreiben. Sellerie fein würfeln. Auberginen und Zucchinis anbraten. In eine Schüssel geben. Den zerriebenen Ingwer leicht anbraten. Die in Streifen geschnitten grünen Pfefferschoten, Sellerie, Petersilie, Tomaten, Tomatenmark und etwas Wasser hinzufügen. Mit Salz und Pfeffer abschmecken. Umrühren, abdecken und 15 Minuten kochen lassen. Auberginen und Zucchinis zu der Sauce geben, leicht umrühren und alles zusammen weitere 15 Minuten kochen lassen. Mit frischer Petersilie garnieren.

Tabuli

1 T	*Weizen*
2 T	*kochendes Wasser*
1/4 T	*frische Petersilie, fein geschnitten*
2	*Tomaten, kleingeschnitten*
1	*grüne Pfefferschote, kleingesch.*
1 El	*frische Minze, fein geschnitten*
1/4 T	*Zitronensaft*
1/4 T	*Olivenöl*
	Salz und Pfeffer

Das Wasser zu dem Weizen geben, stehen lassen, bis das Wasser absorbiert und der Weizen weich ist. Die anderen Zutaten hinzugeben, etwas ruhen lassen, damit der Geschmack sich entfaltet hat. Tabuli wird traditionell auf Kopfsalatblättern serviert, die sozusagen als Schaufel für das Tabuli verwendet werden. Kalt servieren.

Tahini Sauce

1 T	*Tahini*
2/3 T	*Wasser*
1/3 T	*Zitronensaft*
1 El	*Petersilie, kleingeschnitten*
1 Tl	*Salz*
1 Prise	*Pfeffer*

Tahini in eine Schüssel geben. Unter Umrühren langsam das Wasser hinzugeben. Es können sich Klümpchen bilden und das Tahini kann wie geronnen aussehen. Es muß nur der Zitronensaft unter ständigem Rühren hinzugefügt werden, dann wird das Tahini weich und glatt. Wenn eine dünnere Konsistenz gewünscht wird, mehr Wasser dazugeben. Anschließend Gewürze hinzugeben. Wer einen schärferen Geschmack liebt, kann auch mit Cayennepfeffer würzen. Zum Schluß die Petersilie darüberstreuen und leicht umrühren.

Falafel

1 T	*Erbsen*
1 El	*Vollkornmehl*
1/2 Tl	*Backpulver*
1 Prise	*Cayennepfeffer*
3 El	*Sojamehl + 1 El Wasser*
3/4 Tl	*Salz*
2 El	*Petersilie, klein geschnitten*
2 El	*frische Korianderblätter, klein geschnitten*
1/4 Tl	*schwarzer Pfeffer*
1/4 Tl	*Kreuzkümmel*
1/2 Tl	*Kurkuma*
1 El	*Olivenöl (wenn gebacken wird, weniger als wenn gebraten wird)*
1/3 T	*Wasser, je nach Konsistenz*

Die Erbsen über Nacht einweichen, anschließend 2 - 3 Stunden kochen, bis sie weich sind. Alle anderen Zutaten zusammenmischen. Alles zusammen in einem Mixer pürieren, würzen.

Backen: Aus der obigen Mischung kleine Bällchen formen und auf ein gefettetes Backblech geben. In einem vorgeheizten Backofen bei 180 °C 10 Minuten lang backen, anschließend umdrehen und nochmals 10 Minuten backen. Falafel wird in Pitabrot mit kleingeschnittenem Kopfsalat, Tomaten und Tahinisauce serviert.

Hummus

1 T	*getrocknete Erbsen*
3 El	*Zitronensaft*
3 Tl	*Salz*
1/2 Tl	*Pfeffer*
1/2 T	*Tahini-Sauce*
3 El	*Olivenöl*

Zum Garnieren

Olivenöl
Petersilie
Paprika
Oliven

Die Erbsen über Nacht einweichen. (In eine große Schüssel geben, da die Erbsen aufgehen.). Am nächsten Tag das Wasser abschütten, Erbsen mit heißem Wasser bedecken. Bei mittlerer Hitze ca. 1 bis 1 1/2 Stunde kochen lassen. Abtropfen lassen, anschließend die Erbsen mit einem Pürierstab oder in einem Mixer pürieren. Zitronensaft, Salz, Pfeffer, Tahini-Sauce und Olivenöl dazugeben. Gut umrühren. Den Hummus auf eine Platte geben, etwas Olivenöl darüber geben, mit Paprika und Petersilie bestreuen. Kann als Dip für Crackers oder Gemüse oder auch für eine Pita-Füllung verwendet werden.

Couscous

1 T	*getrocknete Erbsen*
500 g	*Karotten, geschält und halbiert*
1 kl	*Kohlkopf, geviertelt*
2	*Steckruben, geviertelt*
1 gr	*grüne Pfefferschote, entkernt*
	Salz und Pfeffer
1/2 Tl	*Kurkuma*
1/4 Tl	*Ingwer*
4	*Tomaten, vierteln, Schale abziehen*
3	*mittelgroße Zucchini, in große Stücke geschnitten*
ca. 400 g	*Kürbis, geschält, in große Stücke geschnitten*
500 g	*Couscous*
2 T	*Wasser mit 2 Tl Salz*
1/4 T	*geschmolzene Margarine*

▶ Erbsen über Nacht in Wasser einweichen.

▶ Eingeweichte Erbsen, Karotten, Kohl, Steckrüben, grüne Pfefferschote, Salz und Gewürze in einen tiefen Suppentopf geben. Mit Wasser bedecken. Zum Kochen bringen, anschließend die Hitze reduzieren und ca. 1 1/2 Stunden köcheln lassen (bis die Erbsen weich sind).

▶ Gemüse auf eine warme Platte geben.
▶ Brühe im Suppentopf lassen und Tomaten, Zucchinis und Kürbisstücke hineingeben. Zum Kochen bringen und mit einem Sieb abdecken. (Um den Dampf zurückzuhalten, ein Geschirrtuch oder ein Stück Stoff zwischen die zwei abgetrennten Teile geben.) Dann Couscous hinzufügen. Wenn der Dampf vom Couscous nach oben steigt, muß die Hitze reduziert werden, die Brühe sollte aber ständig kochen. Der Couscous sollte unter ständigem Umrühren ca. 15 - 20 Minuten gekocht werden.
▶ Den Couscous vom Herd nehmen und in eine Schüssel geben. Mit dem Salzwasser besprenkeln, warten bis das Salzwasser von dem Couscous absorbiert ist, anschließend den Vorgang noch ein- bis zweimal wiederholen.
Anmerkung: Dies ist die traditionelle Art der Couscous-Zubereitung, dabei wird der Geschmack der Gemüsebrühe angenommen. Es gibt aber auch noch eine schnellere Art der Zubereitung. Den Couscous mit der doppelten Menge an Wasser zum Kochen gebracht, anschließend abdecken, stehenlassen, bis das Wasser absorbiert ist.
▶ Das gesamte Gemüse erneut in die Brühe geben und zum Kochen bringen. Den Couscous (getrennt durch ein Sieb) dazugeben und 10 - 15 Minuten dünsten lassen.
▶ Zum Servieren, das Gemüse auf eine große Platte geben, den Couscous außenrum legen, zuvor die geschmolzene Magarine über den Couscous geben. Etwas mit der Gemüsebrühe besprenkeln, den Rest als Sauce dazureichen.
Die Gemüsesorten können selbstverständlich variiert werden. Kumin kann als Gewürz dazugegeben und blanchierte Mandeln können zum Garnieren verwendet werden.

Israelischer Salat

1	*Kopfsalat*
2	*Gurken*
2	*Tomaten*
1	*grüne Pfefferschote*

Dressing

2 Teile	*Olivenöl*
1 Teil	*Zitronensaft*
	Salz und Pfeffer

Den Kopfsalat zerkleinern. Gurken, Tomaten und Pfefferschote sehr fein und klein schneiden. Unter den Kopfsalat geben. Vor dem Servieren das Dressing darübergeben, umrühren.

Halvah

1 T	*Sesamsamen*
1/4 T	*Mandeln*
1/4 T	*Honig*
1/4 Tl	*Mandel- oder Vanilleextrakt*

Sesamsamen und Mandeln im Mixer zermahlen. Honig und Extrakt daruntermixen. Kleine Bällchen formen und servieren.
Schnell und einfach zubereitet

- Gelber Reis
- Dahl (Linsengericht)
- Gurkenraita
- Rosinenchutney
- Chapati
- Pakora
- Gemüse-Curry
- Indisches Halvah
- Burfi

Gelber Reis

1 T	*Reis*
2 T	*Wasser*
1/2 TL	*Salz*
1/2 TL	*Kurkuma (Gelbwurzelpulver)*

Den gewaschenen Reis mit den Zutaten zum Kochen bringen, dann bei kleiner Hitze ca. 40 Minuten weiterköcheln lassen.
Wichtig: Nicht umrühren, möglichst den Deckel immer drauflassen und so zeitig aufstellen, daß der Reis am Ende der Kochzeit noch ca. 20 Minuten ausquellen kann.

Dahl

1 T	*rote Linsen*
ca. 3 T	*Wasser*
1 TL	*Salz*

Alles zusammen ca. 30 Minuten kochen. Die Linsen zerfallen dabei total.

Vaghar: geröstete indische Gewürze

3 EL	*Öl*
2 EL	*geriebene Ingwerwurzel*
1/2 TL	*Cumin (Kreuzkümmel) ganz*
1/2 TL	*Kurkuma*
1/2 TL	*Garam Masala*
1 Msp	*Cayenne*
	falls vorhanden: frischer Koriander

Am besten diese Zutaten in abgemessenen Häufchen auf ein Brettchen oder Tellerchen geben, denn wenn das Öl heiß ist, muß es schnell gehen. Am besten ein Stielpfännchen nehmen, das Öl darin erhitzen, dann den Cumin hinein, umrühren, dann den Ingwer, umrühren, dann die übrigen gemahlenen Gewürze und zum Schluß noch den geschnittenen Koriander darin wenden. Das sollte alles in ca. 10 Sekunden passiert sein. Das Ganze dann den bereits fertig gekochten Linsen beigeben und noch mal aufwallen lassen. Fertig.

Gurken-Raita

1 T	*Yoghurt*
1	*mittlere Gurke*
1 TL	*Cumin*
	Salz

Die Gurke grob raffeln. Die Gewürze unter den Yoghurt rühren und mit der geraffelten Gurke mischen.

Rosinen-Chutney

1 T	*Rosinen*
1 TL	*geriebenen frischen Ingwer*
1/2 TL	*Cayenne*
Saft	*einer halben Zitrone*
	Salz

Die Rosinen in einem Schüsselchen mit Wasser bedeckt einige Stunden einweichen, dann alles zusammen im Mixer oder mit dem Zauberstab mixen.

Chapatis

250 g	*Vollkorn-Mehl*
150 ml	*Wasser*
1 Prise	*Salz*

Alles zusammen zu einem glatten Teig verkneten, dann mit Wasser besprenkeln und 30 Minuten unter einem Tuch ruhen lassen, dann nochmals durchkneten. Kleine Bällchen formen und auf einer bemehlten Fläche zu ca. 1/2 cm dicken Fladen ausrollen.

Eine Pfanne ohne Fett erhitzen, einen Fladen hineingeben und mit einem geballten Tuch gleichmäßig festdrücken bis sich Blasen bilden, dann wenden und nochmals in gleicher Weise verfahren. Wenn möglich heiß servieren.

Pakoras

225 g	*Kichererbsenmehl*
300 ml	*kaltes Wasser*
1/2 TL	*gem. Zimt*
1/2 TL	*Cayenne*
2 TL	*Koriander*
2 TL	*Cumin*
2 TL	*Kurkuma*
2 TL	*Salz*
1/2 TL	*Backpulver*
700 g	*Gemüse (Brokkoli oder Blumenkohl und/oder Zucchinistückchen)*
1l	*Öl zum Frittieren.*

Mehl, Wasser und Gewürze zu einem Teig verrühren. Das Öl erhitzen. Zur Hitzeprobe soll ein Teigtropfen zischend aufschwimmen. Die Gemüsestückchen (müssen trocken sein) in den Teig eintauchen und dann frittieren. - Die fertigen Stücke in einem Sieb abtropfen lassen und dann auf einer Platte anrichten. - Nicht aufeinander legen, sonst geht das Knusprige dran verloren.

Gemüse-Curry

Verschiedene Gemüse, wie z.B. Blumenkohl, Brokkoli, Zucchini, Karotten, Erbsen, Aubergine, Kartoffel – alles Gemüse, das keinen starken Eigengeschmack hat – in wenig Salzwasser halb garen. **Für 6 Personen**

Vaghar

1	*Tomate*
ca. 4 TL	*Öl*
1 TL	*Senfkörner*
1/2 TL	*Kurkuma*
1 EL	*Curry*
	Saft einer Zitrone

Öl in einem Topf erhitzen, Senfkörner dazu, Deckel drauf und horchen bis sie springen, dann die übrigen Gewürze dazutun, nur ganz kurz rösten, dann eine klein geschnittene Tomate darin garen. Alles zusammen unter das Gemüse mischen und fertig garen.

Indisches Halva

1 T	*Grieß*
ca. 80 g	*Butter*
1 1/4 T	*Wasser*
1/2 T	*Honig*
3	*Kapseln Kardamom oder*
1 Msp	*Kardamompulver*
	evtl. ein paar Rosinen oder gehackte Mandeln

Den Honig mit dem Wasser erhitzen (eventuell die Rosinen zufügen). Die Butter vorsichtig erhitzen, den Grieß darin rösten (und die evtl. Mandeln). Das heiße Honigwasser zufügen und auf der Kochplatte noch ca. 2 bis 3 Minuten rühren, bis sich alles vom Topf löst. Heiß oder kalt servieren. Man kann die Masse auch auf eine Platte streichen und nach dem Erkalten in Würfel schneiden.

Burfi

125 g	*Butter*
250 g	*Honig*
	Magermilchpulver, evtl. 1 Prise Salz nach Belieben Kardamompulver, Rosinen, Nüsse oder Kokosflocken

Butter langsam schmelzen lassen. Dann Honig, Kardamompulver etc. dazugeben, erhitzen. Magermilchpulver dazurühren, bis klebrige, dickflüssige Masse entsteht. Abkühlen lassen. Im lauwarmen Zustand können Bällchen geformt werden. Oder im kalten Zustand zurechtschneiden.

Index

Kirtan – Mantra Singen

Hier findest Du die Texte der meisten Mantras und Lieder, die wir bei Yoga Vidya während der Satsangs und Seminare singen. Es sind zum großen Teil die Mantras, die auch im Sivananda Ashram Rishikesh, Indien und in den Sivananda Yoga Zentren auf der ganzen Welt gesungen werden.
ca 100 Seiten, Paperback, 8,00 €. ISBN 3-931854-22-1

Kirtan – Notenheft

Noten, Übersetzungen und Erläuterungen.
14,80 € ISBN 3-931854-23-X

Das Yoga Vidya Asana-Buch Band 1

Riesiges Erfahrungswissen über die Asanas der Rishikesh-Reihe, wie sie von Swami Sivananda und Swami Vishnu-Devananda gelehrt wurde. In dieses Buch ist das Wissen aus 25 Jahren Yoga-Studium und -Praxis des Autors Sukadev Bretz geflossen. Dieses Buch zeigt sanfteste wie auch die fortgeschrittensten Übungen. Ausgezeichnet für jeden Übenden der im Hatha Yoga weiter kommen will. Eine Riesenhilfe für die Unterrichtsvorbereitung von Yogalehrenden. Mit 1800 Fotos. Von Sukadev Bretz. Großformat A4. Paperback 212 Seiten. 19,80 € ISBN 3-931854-48-5

Yoga Geschichten

Geschichten und Märchen faszinieren die Menschen seit alters her und waren auch immer schon ein wichtiges didaktisches Hilfsmittel. Die Geschichten in diesem Buch stammen aus klassischen indischen Schriften und wurden von Sukadev Volker Bretz nacherzählt, mit manchen eigenen Interpretationen und Anpassungen an die heutige Lebenssituation, was besonders hilft, ihre Lehren direkt in den eigenen Alltag zu übertragen. Paperback, 88 Seiten. 6,80 € ISBN 3-931854-47-7

Parabeln (von Swami Sivananda)

Die höchste Wirklichkeit, den Weg dorthin, die Aufgaben, Gefahren und Hindernisse unterwegs können leichter durch Geschichten und Gleichnisse vermittelt werden als mit intellektuellen Worten. Darum haben die großen Meister und Meisterinnen in Ost und West immer wieder Geschichten und Gleichnisse erzählt. Swami Sivananda sprach sehr oft in Gleichnissen oder Bildern, die aus dem Beruf oder den Lebensumständen der Menschen und Ratsuchenden stammten. Die Erfahrung aus diesen Gesprächen hat er in diesem Buch kondensiert. So ist jede dieser Parabeln wie ein direkter Ratschlag. 171 Seiten, Paperback.
9,80 €. ISBN 3-931854-27-2

Die Wissenschaft des Pranayama (von Swami Sivananda)

Die Wissenschaft des Pranayama ist ein faszinierendes Thema. Die alten Yogis haben herausgefunden, daß man mittels bestimmter Atemübungen allerlei Krankheiten heilen, Vitalität wiedergewinnen und Ausstrahlung verbessern kann.
8,00 € ISBN 3-931854-16-7.

Feste und Fastentage im Hinduismus (von Swami Sivananda)

Dieses Buch ist einzigartig im deutschen Sprachraum. Es ist unseres Wissens das erste Buch in deutscher Sprache überhaupt, das ausschließlich der Beschreibung indischer Feste gewidmet ist. So ist es für Liebhaber von Mythen gleichermaßen interessant wie für den Indienreisenden, der hier Erläuterungen zu hinduistischen Gebräuchen findet, wie sie in keinem Reiseführer stehen. Die Feste symbolisieren oft auch bestimmte Aspekte, Stufen oder Phasen des spirituellen Weges, die hier von Swami Sivananda ebenfalls erklärt werden. 169 Seiten, Paperback.
9,80 € ISBN 3-931854-33-7

Japa Yoga (von Swami Sivananda)

Beschreibung der tantrischen Theorie von Klang und Mantra, mit wertvollen Hinweisen für den Gebrauch von Mantras. Mantras sind machtvolle Klangenergien. Sie können zu Gesundheit, innerer Harmonie, geistiger Klarheit, machtvoller Lebensenergie und Entfaltung von Freude und Liebe führen.
9,80 € ISBN 3-931854-25-6

Autobiographie von Swami Sivananda

Ein Buch, das die lebendige Gegenwart eines großen Meisters spüren läßt. Swami Sivananda beschreibt darin, wie er vom Normalbewußtsein zum Gottesbewußtsein gekommen ist. Und er zeigt, daß es eine Selbstverständlichkeit und das Geburtsrecht jedes Menschen ist, seine wahre Natur zu entdecken und auszudrücken. Ein sehr inspirierendes Buch, das auf wunderbare Weise Kraft und Führung geben kann.
9,80 € ISBN 3-931854-24-8

Audio- und Videokassetten, CDs

Yogakurse für Anfänger, Mittelstufe und Fortgeschrittene, längeres Halten mit Chakra-Konzentration, mit geistigen Affirmationen, Pranayama für Anfänger und Fortgeschrittene, Kriya Yoga, Meditations- und Tiefenentspannungs-Kassetten oder CDs.

Mantra-Kassetten

Satsang 1, 2, 3, mit Yogi Hari: Cosmic Chants, Ananda-Songs of Bliss, Om Namah Shivaya, Adorations to Shiva, Adorations to Krishna, Adorations to Divine Mother, Meditationsmusik mit Swami Nadabrahmananda u. v. a., je 15,00 €.

Bücher zu allen Themen des Yoga und der Spiritualität, Yogamatten, Meditationskissen, Yoga-Bekleidung, Tücher, Netikännchen, Räucherstäbchen, Ayurvedische Massageöle, Statuen, Bilder, Yantras, Malas, u. v. a.

YOGA Vidya

Yoga Vidya Verlag
Wällenweg 42,
32805 Horn-Bad Meinberg,
Tel. 05234-87-2209,
Fax 05234-87-2225
Email: shop@yoga-vidya.de,
Internet: http:// www.yoga-vidya.de/versand

Haus Yoga Vidya Bad Meinberg

Das Haus Yoga Vidya Bad Meinberg liegt wunderschön idyllisch am Rande des Kurortes Bad Meinberg, umgeben von dem riesigen Park „Silvaticum", der wunderschönen alten Baumbestand mit Bäumen aus aller Welt enthält. Es sind nur etwa 27 km bis Paderborn, 10 km bis Detmold, 35 km bis Bielefeld, 100 km bis Hannover. Über 160 Zimmer mit Balkon, Dusche und WC erwarten die Gäste zu einem umfangreichen Angebot von über 600 Seminaren pro Jahr. Einzigartig sind auch Angebote welche die Vorzüge des Yoga mit den bewährten Heilanwendungen des Kurortes Bad Meinberg verbinden.

Haus Yoga Vidya e.V.,
Wällenweg 42, 32805 Horn-Bad Meinberg,
Tel. 0 52 34 / 87-0, Fax 0 52 34 / 87-18 75
E-mail: info@yoga-vidya.de
Internet: www.badmeinberg.yoga-vidya.de

Haus Yoga Vidya im Naturparadies Rhein-Westerwald

Ein spiritueller Kraftort inmitten von Wasser, Wald und Wiesen. Entspannen, aufladen, den ganzheitlichen Yoga in seiner ganzen Vielfalt kennenlernen und erfahren! Regelmäßige Wochenend- und Wochenkurse zu allen theoretischen und praktischen Aspekten des Yoga.

Haus Yoga Vidya e.V.,
Gut Hoffnungstal, 57641 Oberlahr
Tel. 0 26 85 / 80 02-0, Fax 0 26 85 / 80 02-20
E-mail: westerwald@yoga-vidya.de
Internet: www.westerwald.yoga-vidya.de

In beiden Häusern Seminare unter anderem zu folgenden Themen

Yoga und Meditation Einführung ● Yoga und Meditation intensiv ● Massage ● Yogalehrer-Ausbildung ● Kundalini Yoga ● Gedankenkraft und Positives Denken ● Schweige-Seminare ● Kinderseminare ● Yoga Ferienwochen ● Wanderwochen ● Ayurveda ● **Internationale Gastlehrer ● Vegetarische Vollwertkost ● Günstige Pauschalangebote**